공연예술신서 · 39

김광림 희곡집 6

공연예술신서 · 39

김광림 희곡집 6

우리나라 우투리

이리와 무뚜

차 례

산대백희(山臺百戱)를 시작하며 · 6

우리나라 우투리 · 9

이리와 무뚜 · 53

「사람과 인형을 시작하며」 · 122

《우리나라 우투리》 연출 개념 · 137

《우리나라 우투리》의 틀, 소리, 공간 · 146

산대백희(山臺百戲)를 시작하며

산대는 고려 때부터 조선조 후반까지 존재했던 산 모양으로 생긴 야외무대다. 산대 하나에 여러 개의 높고 낮은 무대가 있어 갖가지 공연이 이루어졌고 산대 주변의 땅 위에서도 광대들의 놀이가 펼쳐졌다. 그러나 점차 산대는 무대 자체뿐이 아니라 광대놀이를 통칭하는 의미로 쓰이게 되었다.

'우리나라 우투리' 공연에 참가했던 사람들 중심으로 2003년에 공부모임이 시작되었다. 매주 화요일 아침 8시 반에 만나서 우리의 연희전통을 연극의 주요 요소로 삼아 오늘날의 관객과 만날 수 있게 양식화하는 데 필요한 공부를 해왔는데, 야행성 광대들이 아침 8시 반에 모이는 것이 매우 획기적인지라 모임의 이름은 830으로 정했다. 산대백희는 830에서 만든 이름이다. '우리나라 우투리'나 '이리와 무뚜' 처럼 우리 연희전통을 양식화한 결과물, 즉 그러한 공연을 산대백희라고 부르기로 했다. 굳이 풀자면 산대에서 벌어지는 온갖 놀이를 뜻하는데 우리말사전에 나오지 않음은 물론이요 일반 연극인들도 모르는, 그냥 우리들끼리 쓰는 말이다.

1978년 첫 희곡을 발표한 이후 30년 가까이 지났는데 겨우 십 여 편의 졸작을 남겼다. 게으른 사람에게는 시간이 빨리 지나가 버리는 모양이다. 돌이켜보니 아득한 세월, 비록 느리게 걸어오긴 했지만 아예 엉뚱한 방향으로 가지 않은 것만도 다행이 아닌가 여겨진다. 80년대 중반,

미국에서 돌아와 새로 연극을 시작하면서 가졌던 생각 - 앞으로의 연극은 형식과의 싸움이다. 그래서 그 후 작품을 할 때마다 나름대로는 새로운 연극형식을 찾아가는 탐색의 과정이라고 생각하며 한 편 한 편 만들어왔다. 결국은 산대백희라는 지점까지 오게 되었는데 앞으로는 더 이상 방황하지 말고 이 언저리에 머물면서 우리 연희전통의 양식화 작업에 집중해야겠다고 마음먹게 되었다.

우리 전통이 소중하니까 이것을 살려내야 한다는 의무감이나 애국심 때문이 아니다. 세계화 바람에 맞서보자는 것도 아니다. 해보니까 이것이 좋고 정서적으로 나에게 맞고 그래서 내가 잘 할 수 있고 즐겁기 때문이다. 산대백희 작업 속에서 나는 지금까지 경험하지 못했던 연극적 자유로움을 느낀다. 그래서 즐겁다. 하지만 연극은 집단의 작업인지라 나 혼자 즐거워서는 의미가 없다. 작업에 참가하는 사람들이 즐겁고 관객들이 즐거워야 한다. 오늘의 우리 연극 현실에서 결코 쉬운 일이 아니라는 것을 잘 알고 있다. 더구나 이 나이에 무엇을 새로 시작한다는 게 무리가 아닌가 싶기도 하다. 하지만 늦되더라도, 혹은 이루지 못할 지언정 자기가 가기로 정한 길을 뚜벅뚜벅 걸어가는 사람의 뒷모습이 비록 서글프지만 아름답지 않을까?

구기동에서

김 광 림

우리나라 우투리

초연
2002년 8월 23일, 예술의 전당 자유 소극장

연출 : 김광림
작곡 : 김철호
미술감독 : 윤정섭
무대디자인 : 최은주
의상디자인 : 최원
조명디자인 : 김정화
분장디자인 : 이동민
소품 : 지상화
작화 : 장지연
안무 : 최정민
기천문 지도 : 전찬욱, 황정희
소리 지도 : 이금미
드라마터지 : 마정화
연출보 : 박지선
조연출 : 변정주

출 연

배우: 이승훈, 조한철, 서나영, 우미화, 김광덕, 조아라, 김미경, 김성태, 홍정애, 엄옥란, 유재동, 송영근, 황석정, 이상은, 이성환

악사장: 최영석
악사: 김동근, 곽재혁, 변상숙, 김연정, 이꽃별

첫째 마당– 우투리 마당

1 판여는 거리

극에 등장하는 모든 배우들이 儀式舞를 행한다.

2 풀각시놀이 앞거리

아이들이 억새풀을 꺾어 풀각시놀이를 하고 있다.

노래 꽃 꺾고 풀 엮어 각시로 꾸며라
흙가루 밥짓고 솔잎으로 국수 말아
진달래 전 부쳐 함진애비 안주꺼리
풀각시 절을 하니 망건 쓴 새신랑
꼭지꼭지 흔들며 밥주걱에 물 마신다.
호드기 불어라!

호드기 소리.

아이들, 우투리와 풀각시를 들고 함성을 지르며 미래의 나라로 떠난다.

아이들 우리 나라 우투리는 대가리, 우리 나라 우두머리
너네 나라 우투리는 짜투리, 얼기 설기 꺼꾸리

3 억새풀 베는 앞거리

억새풀만 무성한 늦가을의 지리산.

가는 달 조각이 산 위에 파랗게 걸려 있다.

민초들이 길을 잃고 서로를 찾아 헤맨다.

풀 섶에 옷자락 스치는 소리, 듬성 듬성 서로를 찾는 소리.

여보게

여보게

여보게

어디 있는가

아, 길이 읎어

길이 읎어

읎어

여기가 지리산이 맞기는 맞는가

이제 그만 내려가면 안될까

가긴 으딜 가는가? 억새풀이 이렇게 무성한데

길이 읎어

그래도 집으로 가세

임금님이 화나셨어, 집에는 못 가

4 지리산 옮기는 거리

백성들이 지리산을 끌고 당기며 옮기고 있다. 해가 하늘 한가운데 떠있다. 땀방울이 튀어 산을 적신다.

노래 어기 어기 어여차, 당겨라 지리산
어여차차 여차차, 밀어라 지리산

소금장수 허생원이 나귀춤을 추며 등장한다.

나귀 뽀득 뽀득 엉덩이살

채찍질에 우툴두툴

나귀는 참 고달프다

허생원 (춤을 추다가) 이 마을 사람들 다 어디 갔는가?

악사 여보게, 박첨지! 손님 오셨어.

박첨지 뭐가 와?

악사 소금장수가 왔어.

박첨지 마침 잘 왔네. 그 나귀 좀 빌리자고 해보세.

악사 마침 잘 왔다네. 그 나귀 좀 빌리자고 해보라네.

나귀 나귀는 못 빌린다.

허생원 이놈이 힘 못쓰네. 그러나저러나 산이 움직이기는 하는가?

악사 저놈이 힘 못 쓴다는데? 그러나저러나 그 산이 움직이기는 하냐는데?

박첨지 저놈이 힘이 여간이어야지? 그래두 이틀 걸려 화천에 있던 놈을 춘천까지 끌어왔어. 내일 모레면 저기 전라도 구례까지 갈 걸세. (지리산 끄는 백성들에게) 이보게들, 쉬어, 쉬어!

허생원 애꿎은 산은 왜 자꾸 끌어당기고 난리랴.

악사 왜 자꾸 나한테 물어? 바루 묻지 않고.

허생원 바루 물어?

악사 바루 물어!

허생원 알았어, 내 그럼 바루 묻겠네. (박첨지에게) 여보게, 그 애꽂은 산은 왜 자꾸 끌어당기고 난린가?

박첨지 몰라 물어?

허생원 아, 모르니 묻지, 알면 왜 물어?

박첨지 정말 몰라?

허생원 네미럴, 귀구녕에 말뚝을 박았나?

박첨지 이런 제에미, 아가리가 시궁창이여?

작은박 만신창이야.

허생원 싫으면 관두어. 웬 세도여, 세도는? 나 가네.

작은박 갈테면 가여, 가여, 가여!

박첨지 가만 있어, 이놈아! 여보게, 가긴 어딜 가여?

허생원 소금 팔러 가네.

박첨지 나귀는 두구 가게.

나귀 나귀는 못 두고 간다네.

허생원 이눔이 고집쟁이야. 절대루 말 안 듣네.

박첨지 그래두 지리산 이사가는 사연 안 궁금한가?

허생원 안 궁금하면 거짓말이지. 좀 안 알려줄 텐가?

박첨지 나귀 빌려주면 알려주지.

나귀 나귀는 못 빌리지.

허생원 이놈이 엉터리거든. 말귀를 못 알아듣네. 손!

나귀 발!

허생원 그러나저러나 그 사연 좀 들려줌세.

박첨지 그게··· 나두 몰러.

허생원 예끼, 이 쌀뜨물에 만든 놈. 얘, 얘, 가자.

박첨지 아, 가긴 어딜 자꾸 가고 지랄이야 ,지랄은?

허생원 아, 소금 팔러 자꾸 간다니까 지랄이네···

박첨지 안 궁금해?

다같이 안 궁금해?

허생원 네에미, 모른다는 데야 별 수 있나?

박첨지 (악사에게) 얘, 얘 너가 좀 일러주게.

다같이 그래라!

악사 네에미, 일르긴 뭘 일러, 고자질하라구?

박첨지 아니, 지애미 붙을 놈! 그 일르는 게 아니라···

악사 아니면 그만두어!

박첨지 (작은 박첨지에게) 그럼 니가 좀 일러주어라.

작은박 제미, 왜 난처한 일은 꼭 나요?

박첨지 이 못생긴 놈아! 난처하긴 뭐가 난처해?

허생원 야, 그렇고 그런 놈들, 그만들 두어라. 나 간다.

박첨지 이보게! 기다리게. 내 말하지.

허생원 해보아라.

박첨지 저기… 그러니까 말일세… (작은 박첨지에게) 얘얘, 네가 좀 하면 안될까?

작은박 계속해여! 왜 하다 말구 지랄이요? 어서요오! 어서요오!

박첨지 가만 좀 있어봐, 이놈아! 이거 절대 비밀이네. 그 나귀 좀 저쪽으로 치우게. (귓속말)

허생원 얘얘, 여기 꼼짝말고 있어라.

나귀 암, 영락없지. (귀를 쫑긋하며) 나귀는 귀가 커서 나 - 귀다.

허생원 정말인가?

박첨지 거짓말이면 니 아들놈이다. (작은 박에게) 그렇지?

작은박 암, 영락없지.

나귀 임금님이 지리산 밉다고
전라도 땅으로 귀양보낸다고.

박첨지 야, 육시럴 놈아! 조용히 못해!

허생원 (박첨지에게) 아, 대관절 지리산이 왜 미울까?

박첨지 아, 대관절 난들 아나?

허생원 (작은 박에게) 자네도 모르는가?

작은박 모르지.

나귀 나도 모르지.

다같이 우리도 모르지.

허생원 허면, 내가 좀 알아다줄까?

작은박 자네가 그걸 무슨 수로 아나?

허생원 (퇴장하며) 조금 기다리게. 내 휘익 알아보고 올 테니까.

다같이 그래라!

박첨지 여보게, 내가 그 얘기했다는 거 절대 비밀이네!

다같이 잘 갔다오게.

박첨지 (사이) 어이쿠, 지리산! 지리산!

모두 다시 노래하며 산을 옮긴다.

어기 어기 어여차, 당겨라 지리산
어여차차 여차차, 밀어라 지리산

#5 우툴어멈 거리

우락부락한 우툴 어멈이 화가 나서 툴툴거리며 마당을 빙빙 돌고 있다. 분통이 터지는지 가끔씩 하늘에 대고 소리를 지른다. 허생원이 나귀를 끌고 등장한다.

우툴어멈 우악! 우악!

악사 여게, 우툴어멈! 손님 오셨다!

나귀 손님 오셨다!

우툴어멈 우악, 우악!

악사 (꽹과리를 두드리며) 아, 진정 좀 해, 이 여편네야!

우툴어멈 우악!

나귀 (흉내내듯) 우악!

우툴어멈 우악!

나귀 우악!

우툴어멈 우, 악?

나귀 우, 악?

우툴어멈 어느 육시럴 놈이여?

악사 손님 오셨어, 이 여편네야!

우툴어멈 우악!

나귀 싸리골 허생원님 행차시다!

우툴어멈 우악?

허생원 날세, 소금장수 허생원.

우툴어멈 우악… 이게 누구여?

허생원 웬 청승은 떨고 지랄이야?

우툴어멈 낯바닥 하나 진짜 두껍구만!

허생원 그것이 뭔 얘기여?

우툴어멈 어디가 쳐 자빠졌다가 이제야 나타나는가, 이 화상아.

허생원 어허, 내가 소금 팔러 팔도 천지를 떠돌다가 보니.

삼청동 화계동 도화동도 동이론데

동소문 밖을 썩 나서서.

우툴어멈 우악! 뭐가 좋다고 신이 나서 지랄을 떠는가, 이 화상아.

자식새끼 집나간 것도 모르고.

허생원 무슨 자식새끼가 집을 나가?

우툴어멈 당신 새끼가 집을 나갔어!

허생원 이 여편네 정신 나갔는가? 내가 새끼가 어딨어?

우툴어멈 싸발길 때는 좋고 끝나면 다 잊어먹는가, 육시럴 놈.

허생원 아, 잊어먹긴 누가 잊어먹어? 처음부터 아예 몰랐지!

우툴어멈 어찌 그렇게 무심할 수가 있는가, 이 양반아!

허생원 어디 무심해서 그런가? 바빠 그렇지.

우툴어멈 바쁘긴 뭐가 바빠? 오입질하느라고 바쁜가?

허생원 어허! 점잖은 체면에… 그나저나 우리 새끼 이름은 지었는가?

우툴어멈 암, 영락없지.

허생원 무어라 지었는가?

우툴어멈 우툴두툴 메밀밭에서 만들었으니 우투리라 지었지.

허생원 우투리?

다같이 우투리!

허생원 그거 이름 참 좋다. 그래, 우리 우투리가 얼마나 예쁘던가?

우툴어멈 대단히 예쁘지.

허생원 얼마나 대단히?

우툴어멈 아주 끔찍끔찍스럽도록 대단히.

허생원 아, 그러지 말구 자세히 좀 풀어서 말해봐!

우툴어멈 한번 풀어봐?

악사 풀어보게.

다같이 그래라!

우툴어멈 (울며) 울면 안 되여.

악사 울긴 왜 울어?

우툴어멈 슬프니까 울지, 이 양반아.

나귀 (울며) 나귀도 슬프다.

악사 야, 못생긴 놈! 시작도 안 했는데 뭐가 슬퍼?

나귀 슬프니까 울지, 이 양반아

악사 (우툴어멈에게) 어서 사연이나 풀어!

우툴어멈 그럼 들어가네.

다같이 그래라.

우툴어멈 우투리 모습 볼작시니 어안이 버벙벙

주먹만한 눈텡이가 양쪽으로 빼엉뺑
눈 한 번 치켜뜨면 천지가 다 꺼엄뻑
얼굴 한가운데 둥근 바위 뿌울쑥
바위 아래 편에 콧구멍 둘 뾰옹 뾰옹
엄지같은 이빨 서른 여섯 개 들쑥날쑥
철사줄 검은 머리 하늘로 삐죽삐죽

허생원 벌써 그렇게나 예쁘단 말인가?

우툴어멈 암, 그렇게나 예쁘구 말구.
색칠한 듯 몸뚱이는 불긋 불긋
겨드랑이 날개가 뾰족 뾰족
괴상하다 방아공이 울끈불끈
팔다리 힘줄은 꿈틀꿈틀
누구의 핏줄인가 이상스럽기 짝이 없네.
태어난 지 사흘만에 제 발로 일어나 걷고
열흘이 지나더니 밥도 먹고 말도 하네.

다같이 말을 해?
이 무슨 변고인가 귀신의 조화런가.

허생원 거 참 신통한 놈을 낳았네 그랴.

우툴어멈 암, 신통방통한 놈을 낳구말구.
화근을 낳았으니 하루 빨리 없애라고

동네사람 지들끼리 쑤군 쏙딱 쏙딱 쑤군
새끼는 혼자 낳나 박복한 년 따로 없다
내 배로 낳은 새끼 내 손으로 죽일거나
정신이 아득하다 얼척이 다 없고나
우악, 우악, 우악, 우악

허생원 거 듣다보니 사연 한 번 지랄맞게 고약스럽구나.

우툴어멈 우악, 우악…

허생원 우아악 우아악, 이 일을 어찌 하는가?

우툴어멈 어찌하긴 뭘 어찌하는가? 내 배로 낳은 놈 내 손으로 눌러 죽이겠다 맘 독하게 먹고.

허생원 맘 독하게 먹고

우툴어멈 베개를 하나 안고

허생원 베개를 하나 안고

우툴어멈 방문을 살짝 열었지.

허생원 방문을 살짝 열었다, 그래서!

우툴어멈 방문을 살짝 열고 한쪽 발이 문지방을 이렇게 넘어서는데.

허생원 넘어서는데…

우툴어멈 그냥 놀라 자빠러져버렸지

허생원 자빠러져버렸단 말이지?

우툴어멈 응. 자빠러져버렸지.

허생원 어째서?

우툴어멈 아, 이놈이… 난 지 열흘 갓 지난 놈이 벌써 자기 해꼬지 할 줄 미리 짐작하고는 떡하니 시렁 위에 올라 앉어 있는 거라.

허생원 벌써 그렇게나 철이 들었는가?

우툴어멈 암, 그렇게나 철이 들고말고. 어디 그뿐인가? 아 이놈이 날 보며 빙그레 웃는데 내 배로 난 새끼지만 소름이 확 돋더라구.

허생원 소름이 확 돋았어?

우툴어멈 그렇지! 그래 갖구 소름이 확 돋는데 이놈이 글쎄 나더러 '내가 집을 나갈 테니 좁쌀 석 되, 메밀 서 말, 겨릅대 석 단만 구해주시오' 하는 거라.

허생원 그래 어떡했나?

우툴어멈 별 수 있나? 동네 돌며 꾸어서 구해다 줬지.

허생원 그래서?

우툴어멈 이놈이 좁쌀 석 되는 허리춤에 차고 메밀 서 말은 등에 지고 겨릅대 석 단은 옆구리에 끼고 훨훨 날듯이 없어져 버리지 뭔가?

허생원 암말 없이 그냥 그렇게 가버렸는가?

우툴어멈 그럼. 암말 없이 그렇게 가버리지 않구…아니, 내 정신 좀 봐. 아, 이놈이 종이에다 뭔가 극적거려 주면서 '난 세상 구하러 길 떠나니 혹시 날 찾을 일 있으면 속초 앞 바다에 와서 이 종이로 바다를 치시오' 하더라구.

허생원 아, 그놈이 차포오졸을 더하는 놈일세. 근데 난데없이 무슨 세상을 구하러 가?

우툴어멈 낸들 아나? 꺽대기 피도 안 마른 놈이 못하는 소리가 없데 그랴.

허생원 그 종이는 어쨌는가?

우툴어멈 그건 왜 찾어?

허생원 그거 돈 되는 물건일세. 잘 간수하게.

우툴어멈 (자신의 옷을 뒤져 종이를 찾아낸다) 걱정 말어. 여기 이렇게 잘 간수하고 있으니까.

허생원 거 참, 인생살이 참으로 허망하다. 심심헌데 한판 때리고 노세 그랴.

우툴어멈 한판 때리구 놀아? 홧김에 서방질이라, 화끈하게 한번 놀아볼까?

나귀 한판 때리고 놀자!

다같이 그래라.

모두 장단에 맞춰 한판 논다.

둘째 마당-이성계 마당

#1 효수 거리

이성계가 왕이 되기 위해 지리산에서 제를 지내고 있다. 산신제가 진행되는 도중 느닷없이 부정탔다 소리 들어오며 다음 노래가 이어진다.

노래 구렁이가 또아리 튼다
젯밥에 빠진 머리칼
지리산 산신령 열 받았지. 아암, 열 받게도 되었지.
헛제사 지낸 이성계
어쩔 줄 몰라 안절부절

일배 이배 백배 천배
그것이 다 무슨 소용
지리산 산신령 임금자리 우투리에게 허락했네
하늘이 노오래진 이성계
열 받아서 우왕좌왕

이성계 (숨을 몰아쉬며) 시이, 씨이이! 어 어떤 놈이? 젯밥에 머리카락 빠뜨린 놈! (사이) 시이, 시이이. 왕의 자리가 날아갔씨이, 지옥에 빠뜨릴 놈!

제관 주 주 죽을죄를 졌습니다. 다시 한번 제를 모시겠습니다.

이성계 날아갔씨이, 씨이, 씨이이!

제관 저 저 정성껏 모시겠습니다.

이성계 목을 쳐라 하! 하아!

신하 목을 치라신다!

군사들이 효수 의식을 거행한다. 그 동안 이성계는 계속 숨을 몰아 쉬며 흥분을 자가 발전한다. 제관의 모가지가 뎅겅 바닥으로 떨어진다.

이성계 우투리! 우투리가 하아, 그게 뭔데 하아.

신하 이제 백일도 안 지난 갓난 것이 우툴두툴 하고, 골창골창하고, 힛끗힛끗 하고, 노릇노릇 하고, 파릇파릇 한 것이 아주 끔찍스럽다고 합니다.

이성계 그런 놈이 무슨 왕이 흐으! 지리산 산신령이 망령이야. 우투리놈 잡아 죽여허! 어허, 어허허.

신하 어디로 갔는지 여영 종적을 감추어버렸습니다아!

이성계 하아, 하! 모 모 모조리 모 모 목을 쳐. 단 한 명도 빼 놓지 말고 어린 것들 모 모 모조리 흐으, 흐으으!

신하 다 다 단 한 명도 말입니까?

이성계 단 한 명도. 하아, 하아.

신하 제 새끼가…

이성계 빨리 하아! 하아아!

신하 배 백일 안 된 사내놈은 모 모 모조리 모 모 목을 치라신다.

노래 목을 쳐라 백일 안 된 사내놈들
단 한 명도 빼지 말고 모조리 목을 쳐라
응애 응애 뎅강 뎅강 툭 툭 투두둑
머리를 안을 건가 몸뚱아리 안을 건가
두 동강 난 아이 잡고 피눈물 쏟다가
실성한 에미들 전생에 무슨 죄를 지었는가

#2 좁쌀군사 거리

수만의 군사와 우투리가 노래하며 춤추고 있다.

노래 좁쌀 군사들아 깨어나 일어나라.
메밀 투구 쓰고 동편에 새 빛 보라.
겨릅대 말을 타고 천지를 달리려니
하늘이야 열려라 땅이야 솟아라
하늘 땅 합쳐지니 이제야 살판이라

#3 이성계 신방 거리

군사들이 이성계 앞에서 우툴어멈을 주리 틀고 있다. 이성계는 아까와는 달리 사뭇 유쾌해 보인다.

이성계 훗 핫 핫 핫…돈! 돈이 싫으냐?

우툴어멈 우투리는 죽었다.

이성계 정말로 돈이 싫단 말이지? 저년이 거짓말이다. 훗 핫 핫 핫…

우툴어멈 이년 저년 하지 마라. 우투리는 죽었다. 못 믿겠다면 내 배를 갈라도 좋다.

이성계 흣 핫 핫 핫…못 하는 소리가 없다! 흣 핫 핫 핫…배때기가 불러서.

우툴어멈 배때기가 부르다니, 말도 안 되는 소리. 굶기를 밥먹듯 해서 허구헌날 뱃가죽이 등짝에 달라붙었다 떨어졌다, 달라붙었다 떨어졌다 (자기 배를 내려다보다가 놀라며) 이크, 이거보게 이거봐. 아침두 아직 못 먹었는데 뭔 일이래? 거 참 괴상하다. 이것이 왜 또 불러올까나?

이성계 저어 저것이 왜 저리 불쑥할까? 내 내 내가 어디 한 번 저 속으로 들어가 봐야겠다. 흣 핫 핫 핫… (신하에게 귓속말)

신하 우툴어멈 듣거라. 자 장군께서 아직 장가를 못 드시셨다시는데 너를 배필로 맞으시시겠다고 하시시는데 네가 자 장군과 백년해로하겠느냐?

우툴어멈 배 배 백년해로? 갑자기 웬 배 배 백년해로! 우아악, 우악, 악, 악!

신하 혼례를 올려라아!

순식간에 혼례가 진행된다. 이어 신방이 차려진다. 구멍 사이로 신방 안을 들여다보는 사람들.

이성계의 물건이 우툴어멈의 배속으로 들어갔다 나왔다를 반복한다. 이성계의 거친 숨소리. 고통인지 쾌락인지 분간할 수 없는 야릇한 소리를 내지르는 우툴어멈.

이성계 정말로 흐윽 우투리가 흐윽 죽었느냐 흐윽…

우툴어멈 정말로 우투리는 아악 정말로 우투리는 아악

이성계 이래도 흐으윽 우투리가 흐으윽 죽었느냐 흐으윽…

우툴어멈 아무렴 우투리는 아아악 아무렴 우투리는 아아악…

이성계 하악 우투리, 하악 우투리 하 하악 하아악. .

우툴어멈 아무래도 우투리는 하아악 아무래도 우투리는 하아악

이성계 그렇지 우투리가 하아악 그렇지 우투리가 하아악

우툴어멈 살았소 우투리 하아악. 우투리는 살아있소!

갑자기 뚝 그치는 소리와 움직임.

이성계 우투리가 살아있다?!

이성계와 우툴어멈의 몸이 떨어진다.

우톨어멈 (무릎을 꿇은 후 가슴에서 부적을 꺼내 이성계에게 주며) 그놈이 절 보고 싶으면 속초 앞 바다에 와서 이걸로 바다를 치라고 했소.

이성계 가자아. 속초 앞 바다아 하아, 하아!

이성계와 군사들 퇴장. 계속되는 이성계의 웃음소리. 우톨어멈은 그 자리에 주저앉아 서글피 운다.

악사1노래

새끼 잡아 제 배 달랜 모진 년아!
뱃속에 새끼 품고 또 한 새끼 만들거냐?
홍두깨가 그립더냐, 재물이 탐나더냐
인간은 카니*와 짐승도 멀었구나!

악사2 홍두깨도 그립고 재물도 탐나지만
뱃속에 든 새끼는 새끼가 아니더냐
새 새끼 살리려고 헌 새끼 잡았으니
죄가 있다면 어미로 태어난 죄

* 카니: '커녕'의 고어체

#4 문경새재에 걸린 지리산

백성들이 숨을 헐떡이며 지리산을 끌고 있다. 저녁 해가 산허리에 걸려있다.

노래 어이, 어이, 어이, 어
문경새재 열두 구부 어느 세월에 다 넘는가
숨은 턱 밑에 차 올라 새들도 쉬어 가는데
홀몸이면 모르되 지리산을 끌고 넘자니
어명도 유분수지 개털만 죽어난다
어기 어기 어여차 당겨라 지리산
죄가 있다면 개털로 태어난 죄라
에에라 망할 세상 네 멋대로 놀아라
어여차차 여차차 밀어라 지리산

소금장수 허생원이 나귀를 끌고 등장한다.

나귀 간질 간질 귀가 간질
근질 근질 입이 근질
나귀는 참 갑갑하다.

허생원 행차요!

악사 여보게, 허생원 왔네.

작은박 허생원이 왔다네.

박첨지 어딜 갔다 이제 온다던가?

악사 어딜 갔다 이제 오느냐고 물어.

허생원 내 한 바퀴 휘 돌아왔지.

악사 한 바퀴 휘 돌아왔다네 그래.

박첨지 한 바퀴를 어디 어디루 다녀왔다는가?

악사 한 바퀴를 어디어디를 다녀왔냐는데?

허생원 풀어봐?

악사 풀어보게.

허생원 삼청동 화계동 도화동도 동이론데
동소문 밖을 썩 나서서
안암동도 동이요
경상도로 썩 내려서서
모시 닷동 베 닷동
충청도로 올라서서
무명 닷동 명지 닷동
사오 이십 스므동을
돌돌 말아 짊어지고

문경새재를 썩 넘어서니

난데없는 도적놈이

다같이 난데없는 도적놈이, 노세 노세 젊어 노세, 늙어지면 못 노나니

악사 어디어디 다녀왔냐고 물었지, 누가 지랄을 하라고 그랬나, 지랄은.

허생원 지랄은 누가 지랄을 해.

박첨지 그래, 소식은 좀 알아봤다던가?

악사 왜 자꾸 나한테 물어? 바루 물어보지 않구.

박첨지 바루 물어?

악사 암, 그래야지.

박첨지 내 그럼 바루 묻지. 그래, 소식은 좀 알아봤는가?

허생원 아무렴, 알아보구 말구!

박첨지 그래, 이성계가 지리산이 왜 밉다던가?

허생원 어이쿠, 내 정신 좀 보게. 그걸 알아 온다는 걸 깜빡 했네.

박첨지 예끼, 이 뜸물에 만든 놈아! 어서 가서 제대로 좀 알아와.

작은박 제대로 알아와!

허생원 옛끼! 그보다도 진짜 중요한 일이 생겼다네.

박첨지 무슨 중요한 일?

허생원 그게 말일세, 이거 보통 일이 아닐세.

박첨지 보통 일이 아니면 무슨 일인가?

허생원 이만저만한 일이 아니야.

박첨지 그럼 큰 일인가?

허생원 아무렴, 엄청 큰 거.

박첨지 얼마나 커?

허생원 무지무지하게 커.

박첨지 하늘보다 더 커?

허생원 암, 하늘보다 더 커!

박첨지 땅보다 더 커?

허생원 암, 땅보다 더 커!

박첨지 대체 무슨 일인가?

나귀 (끼어들며) 커~

허생원 이거 절대 비밀이네.

박첨지 아무렴, 비밀이지.

허생원 이 나귀 좀 치우고 하자.

나귀 알았다, 알았어, 내가 간다.

허생원 야, 이 못생긴 놈아. 여기 꼼짝말고 있거라. (나귀를 한쪽으로 보내고 귓속말을 한다)

나귀　암, 영락없죠. 나귀는 귀가 커.

박첨지　아들놈이 뭐가 된다구?

나귀　왕이 된다, 왕!

허생원　야, 쳐죽일 놈아! 소리가 너무 커!

박첨지　그거 정말인가요?

허생원　정말이지 않구.

작은박　그럼, 지리산 안 옮겨두 되나?요?

허생원　그럼, 안 옮겨두 되지 않구.

박첨지　새 세상이 오는가?

허생원　아무렴, 새 세상이 오구말구.

작은박　믿어도 되나?요?

허생원　속구만 살았나? 저기 봐. 벌써 오고 있지 않은가?

작은박　정말이네!

나귀　새 세상이다아!

소무 둘과 파계승 둘이 홀리듯 춤추며 등장한다. 일꾼들 모두 일손을 놓고 구경한다. 파계승이 소무를 희롱하는데 박첨지가 파계승들을 쫓아낸다.

박첨지　(울며) 이제 우리 집안은 다 망했네그랴.

악사　어째 망해?

박첨지　우리 조카딸 조카며느리가 땡중 놈들하고 붙어먹고 지랄염병을 떨었으니 볼짱 다 본 거 아닌가?

작은박　아니 그럼 저것들이 내 딸하고 내 며느리란 말이야?

악사　그럼 어느 집 색씬줄 알았는가?

박첨지　이눔아! 니눔이 집안 단속 못해서 이제 우리 집안은 다 망했다, 다 망했어, 이 칠칠치 못한 놈아!

작은박　아니, 형님! 그년들이 지들끼리 떵쿵하고 놀아나는데 어째 나를 탓하시오?

박첨지　그럼 그게 니 탓이지 누구 탓이냐, 이 육시럴 놈아!

작은박　니미, 그것이 세상 탓이지 어째 내 탓이오?

박첨지　아니, 이놈이 뭘 잘했다고 형님한테 빠락빠락 대들고 지랄이야, 지랄은?

작은박　그러는 형님은 뭘 그리 잘했수? 뭘 그리 잘해?

박첨지　이런 개아들 놈 같으니…

작은박　내가 개아들 놈이면 형은 개호주여.

허생원　야, 이 그렇고 그런 놈들아. 그보다도 내가 전국을 떠돌다보니 객고가 이만저만이 아니데 그랴.

박첨지　아, 아무렴. 임금님 아버님이신데 그거 안 되지.

허생원　그렇지! 내가 내일 모레면 임금 애비 아닌가?

나귀　나는 임금 애비 나귀 아닌가?

허생원　그래 생각타 못해 내 작은 집을 하나 얻었네 그래.

박첨지　이왕이면 큰 집을 얻지 왜 작은 집을 얻었소?

허생원　니미, 이런 엠병할 놈. 그게 아니라 작은 마누라를 하나 얻었어.

박첨지　작은 마누라? 아니, 본 마누라도 없는데 둘째 마누라부터 얻는가?

허생원　이런, 니미. 아무려나 얻으면 되지 순서가 무슨 대순가?

박첨지　하긴 그도 그러이.

허생원　오늘 기분도 그렇지 않고 하니 우리 작은 여편네 불러 새로 한판 노세 그랴!

박첨지　아, 좋지! 누가 말려?

작은박　아무도 안 말려.

허생원　그럼 부르네.

박첨지　그러세.

다같이　그래라.

허생원　(악사에게) 여보게, 우리 돌머리집 좀 불러주게.

악사　아, 그러지. 용산 삼게 돌머리집네!

돌머리집이 괴상한 걸음걸이로 등장한다.

허생원 저 저 저것 좀 보아. 꼭 맞춘 듯 크도 작도 않은 키에 가슴은 봉긋 엉덩이는 씰룩, 살짝 치켜든 눈꼬리에 높지도 낮지도 않은 콧날 입술은 뾰족 발그레한 저 귓밥을 잘근잘근 씹는 상상을 좀 해봐. 애고! 차마 끔찍 끔찍해서 못 보겠네. 얘 얘 영감님들 앞에서 춤이나 한번 추어 보여라.

돌머리집이 돌머리춤을 추며 돈다. 모두 헬렐레해가지고 돌머리춤을 따라 춘다.

허생원 얘얘, 마라 마라. 손님들 손탄다. 어여 들어가자. (퇴장)

#5 바다 열리는 거리

무당이 신대를 들고 주문을 윈다.

어허구자- 강원도 하고도 속초라 이성계 장군 불공을 할제
동해 바다 일월용왕님 수이 아니시랴 이성계 장군이 누구시냐,

낼모레면 임금자리 떼어 받을 우리 장군님 아니시랴
우리 장군님 안당에 불사가 요바르고 돔바른 불사가 아니시리
부정한 일 많이 놓았구나
손으로 만진 부정도 많아 놓았고 입으로 옮긴 부정도 많아 놓았고 귀루다 들은 부정도 많아 놓았고 눈으로 본 부정도 많아 놓았구나.
허지마는 동해바다 일월용왕님 술루다가 목욕을 하시고 왼돼지* 잡아 큰 칼 꽂아 받으시고 소소한 정성도 태산같이 받으실제.
용왕님 수이에서 한 거리 놀고 가겠노라.

바다가 열린다, 바다가 열린다
검은 물결 흰 파도 바다가 열린다
동해바다 천길 물속 누가 누가 숨어있나
바다가 열린다, 바다가 열린다
검은 물결 흰 파도 바다가 열린다

무당이 부적으로 바다를 때리자 바다가 열리며 커다란 바위가 나타

*왼돼지: '옹근'의 고어체

난다.

이성계 저어기, 저기, 저 바위다!

군사들의 환호소리. 군사들 나아가 바위를 에워싼다. 빙그레 웃는 바위.

바위 나를 해꼬지하는 자는 죽음을 면치 못한다.

놀라 뒤로 물러서는 군사들. 바위에 손을 댄 병사들은 저 아래로 튕겨져나가 내동댕이쳐진다. 계속되는 이성계의 고함 소리.

셋째 마당-억새풀 마당

#1 입방아 거리

허생원이 나귀를 끌고 허겁지겁 등장한다.

허생원 여보게, 큰일 났네, 큰일 났어!

악사 웬 소란인가?

나귀 이거 큰 큰일이다!

허생원 어서 우리 마누라 좀 불러주게.

악사 알겠네. 용산 삼개 돌머리집네!

허생원 아니 이 마누라 말고, 이 양반아.

악사 그 마누라 말고 마누라가 또 있는가?

허생원 아, 우리 우툴어멈 있지 않은가?

악사 우툴어멈 말인가?

허생원 어서 좀 불러주게.

악사 여게,* 우툴어멈! 손님 오셨다.

---

*여게: '여보게' 의 사투리

그 사이 돌머리집이 괴상한 걸음걸이로 등장하여 허생원 주변을 맴돈다.

허생원 (돌머리집에게) 너는 좀 들어가 있거라. 지금 우리 집안이 다 망하게 생겼다.

돌머리집은 같이 놀자고 투정을 부리며 계속 허생원 주변을 맴돈다.

허생원 아가야, 이쁘지? 응?

우툴어멈 우악!

허생원 어험!

우툴어멈 이것이 뭔 일이래?

허생원 이것이 그러니까 말일세…

우툴어멈 뭐 저런 쌍판대기가 다 있는가?

허생원 내가 말일세… 전국 방방곡곡을 떠돌다가 보니까 말일세.

우툴어멈 떠돌긴 어딜 떠돌아?

허생원 내가 말일세, 삼청동 화계동 도화동도 동이론데

우툴어멈 우악! 병신 육갑들을 떨고 있네.
아니, 꼴에 뭐가 저렇게 도도하대?

허생원 어허, 그게 아니라 내가…

우툴어멈 아니긴 뭐가 아니여?

허생원 이런 제기럴! 그러지 말고 자네 아우님이니 우선 인사나 받게. 얘, 아가야, 인사올려라. 너희 형님이시다.

우툴어멈 기왕지사 이렇게 됐으니 니년 인사나 한번 받아보자.

허생원 얘 얘, 공손하게 잘 올려라.

돌머리집이 우툴어멈에게 인사하는 척 하다가 머리로 우툴어멈을 들이받는다. 나가 떨어지는 우툴어멈.

우툴어멈 이년이 사람친다. 저년이 어찌나 딴딴한 대가리로 들이 받았던지 시뻘건 피가 콸콸 쏟아진다. 내 이년을 잡아서 조리를 돌려야지.

우툴어멈과 돌머리집 사이에 한판 싸움이 벌어진다. 우툴어멈의 괴력에 얻어터지고 도망가는 돌머리집.

허생원 (우툴어멈에게) 사람이 어찌 그리 매정스러운가?

우툴어멈 매정스럽긴 뭐가 매정스러워? 오입쟁이 허가놈이 이제 갈때까지 다 갔구만!

허생원 어허, 젊잖은 체면에…

우툴어멈 젊잖킨 개뿔이 젊잖으냐?

허생원 그러나저러나 우툴어멈 신수가 훤해지신 게 수상타.

나귀 보통 수상타 아니다.

우툴어멈 신수만 훤해졌는가? 찌그러져가는 초가삼간 다 버리고 고래등 같은 개와집에 쌀밥에 고기반찬에 팔자가 확 펴부렸지.

나귀 마 많이 수상한 거다!

허생원 아이쿠! 내가 지금 그런 거 따질 때가 아니지. 우리 우투리가 다 죽게 생겼는데 말이여, 여보 우툴어멈! 그러니까 이건 비밀인데 말이여… 그 우투리 낳을 때 탯줄을 무얼로 잘랐는지 자네 기억이 나는가?

우툴어멈 아, 기억 나지. 어미가 되어서 그것도 모를까봐?

허생원 무얼로 잘랐는가?

우툴어멈 그건 알아 뭐해? 그눔은 진작에 식은 방귀 뀐 놈이여!

허생원 자식이 식은 방귀 뀌었다는데 저런 맬맬한 여편네가 있는가?

우툴어멈 어차피 죽을 자식은 내비두고 나올 자식이나 잘 챙겨!

허생원 나올 자식이라니? 뭔 소린겨?

우툴어멈 (배를 만지며) 네에미, 눈구녕은 뭐한다고 두 개씩이나 뚫고 다니는가?

허생원 그럼 그것이 … 또 … 그것이 …

우툴어멈 왜 토끼눈은 뜨고 지랄이래?

허생원 그러니까 먼젓번에 아랫배 한번 슬쩍 닿았다구… 그새 그런 엄청난 일이 또 …

우툴어멈 왜 말은 더듬고 지 … 지랄인가?

허생원 그게 그러니까 내 새끼란 말이지, 응? 아랫배 한번 슬쩍 닿았는데 또 내 새끼란 말이지? 이런 경사가 있나? 춤 한번 추자, 마누라야. (우툴어멈을 잡고 춤을 춘다)

우툴어멈 마누라는 누가 마누라여?

허생원 아니 그럼 내 자식을 둘씩이나 낳았는데 마누라지, 마누라 아닌가? 마주 누워라, 마-누-라!

우툴어멈 지랄하고 자빠졌네. 화근덩어리 낳아서 저승길로 밀어 넣자마자 둘째 새끼 싸질러 배가 남산 만한데 그 사이 무슨 일이 벌어졌는지 아는지 모르는지 어디 가서 놀구 자빠졌다가 이제서 나타나는가?

허생원 자빠지긴 누가 자빠져? 이렇게 빳빳이 서 있는데.

우툴어멈 그래, 그렇게 빳빳이 서 있어서 자랑이다, 자랑이야!

허생원 아무렴, 자랑이지. 자랑도 보통 자랑인가?

이성계가 괴성을 지르며 무대를 휩쓸고 지나간다. 모두 놀라 한쪽으로 숨는다.

허생원 지금 우리가 이렇게 노닥거리고 있을 때가 아니여. 우리 우투리가 다 죽게 생겼는데 무슨 수를 써야지 안 되겠는가?

우툴어멈 이성계가 들이닥친 마당에 무슨 수를 쓰는가, 이 양반아!

허생원 그래도 무슨 수를 써야지 이렇게 앉아서 당해서야 되겠는가?

우툴어멈 무슨 수가 있어야 쓸 것 아닌가?

허생원 그러니까 말인데 … 이거 정말 비밀로 해야 하는데 말이여 … 당신 우투리 낳을 때 탯줄을 무얼로 잘랐는가?

우툴어멈 아까부터 그건 왜 자꾸 물어?

허생원 이런 옘병, 지금 이성계가 그걸 알고 싶어서 눈깔이 뒤집어졌다니까 그러네. 그러니까 이건 우리 단 둘이만 알고 절대 비밀로 해야 하네. 가만있어. 이 나귀 좀 치우고. (나귀를 무대 한쪽으로 보낸다)

허생원 너, 여기 꼼짝말고 있어라.

나귀 암, 영락없지.

허생원 그래, 무얼로 탯줄을 잘랐는가?

우툴어멈 그놈의 탯줄이 하도 질겨서… (귓속말)

허생원 여보, 그거 절대 비밀로 해야 하네.

우툴어멈 아무렴, 절대 비밀이지.

나귀 억새풀! (도망가며) 그거 절대 비밀이다.

악사 (징을 두드리며) 억새풀이란다!

악사의 징소리에 혼절하는 허생원과 우툴어멈.

#2 우투리 패망 거리

요란한 징소리. 무당이 화살로 바위를 겨누며 주문을 외우고 있다.

억새풀이란다.

억새풀을 꺾어라

억새풀로 잘라라

산으로 들로 강으로

억새풀을 모아라

억새풀로 두드려라

열려라 바위야

군사들이 억새풀로 바위를 두드리자 바위가 두 조각난다. 그 안에 준비를 마치고 막 출정하려던 우투리와 그의 군사들이 스르르 사라지고 만다. 이성계의 웃음소리와 군사들의 환호성.

#3 상여 나가는 거리

군사들의 환호성이 멀어진다.

희망을 잃은 민초들이 상여소리를 하며 정처없이 서성인다.

노래 어, 어, 어허어 억새풀 우러 어어
산은 푸르고 하늘은 높다란데
어린 꿈 고운 싹 다 어디로 흘러어
어, 어, 어허어 억새풀 우러 어허
입방아가 원수로다 세상 풍파 징그러워
한 맺혀 못 떠나고 가다가 돌아오네
어, 어, 어허어 억새풀 우러 어허
바람 소리 처연하고 물소리는 서러워

떠돌다 갈 곳 없이 산 허구리 베고 누웠네

어, 어, 어허어 억새풀 우러 어허어

#4 억새풀 베는 뒷거리

왜 이렇게 억새풀이 무성한가?

병사들이 꽤나 많이 죽었다네.

(사이)

작년에 다 못 베었는가?

이놈은 베면 벨수록 더 많이 돋아나는걸

임금이 왜 그런다?

억새풀이 무섭다 그러데.

죽은 병사들이 살아 돌아온다나?

임금이 미쳐버린겨.

(사이)

억새풀이 왜 이렇게 질긴가?

모질게 죽었으니 질길 수밖에

저기 서역 쪽에서도 죄 없는 병사들이 엄청 죽었다던데.

병사들이야 늘 죽지!

(사이)

낼모레면 눈이 오실 텐데

너무 어둡지 않은가?

달이 떴어.

억새풀이 저렇게 무성하니

올해도 집에 가기는 다 틀렸네

노래 (멀리서 희미하게 들리는듯) 어허, 어, 어허어…

바람에 억새풀 스치는 소리 처량하다.

#5 풀각시놀이 뒷거리

아이들이 억새풀을 꺾어 풀각시놀이를 한다. 호드기 소리에 우투리가 용마를 타고 나타난다. 망건을 쓰고 풀각시와 맞절하는 우투리. 아이들의 노랫소리.

노래 우리구리 우리투리 우투리

메밀밭으로 구리구리

우리끼리 꺼리꾸리 꺼꾸리

억새밭으로 놀구리

아이들이 풀각시와 우투리를 용마를 태워 날려 보낸다.

극에 등장하는 모든 배우들이 아이들과 함께 노래를 부르며 그 뒤를 따라 나간다.

이리와 무뚜!

초연
2005년 9월 8일 한국예술종합학교 연극원 KNUA 예술극장

연출 : 변정주
안무 : 권영임
작곡 : 김동근 · 천지윤
무대디자인 : 조은별
조명디자인 : 이유진
분장디자인 : 이동민
의상디자인 : 우영주
소품 · 그래픽디자인 : 이주은
조연출 : 이수민 · 송정안

출 연

배우: 서민성, 고기혁, 변유정, 오대석, 김문영, 공상아, 조용준

악사장: 최영석
악사: 이상호, 김동근, 천지윤, 전영랑

이 작품은 안톤 체홉의 쇼트 스토리 '카슈탕카' 에서
이야기의 모티브를 가져왔다.

0. 광대들 세상

오동추 곡마단 단원들이 악대를 앞세우고 거리를 지나간다. 이 장면은 어느 특정 시간과 특정 장소를 지칭하지는 않는다. 다만 우리들 마음의 고향처럼, 늘 우리 기억의 어느 지점에선가 맴돌고 있는 광대들 세상에 대한 막연한 그리움을 상징한다.

등장 가세. 등장 가세
거들먹거리며 등장 가세
그 무삼 연유로 등장을 가나
젊은 홍안은 늙지를 않고
늙은 노인은 죽지를 않게
등장 가세, 등장을 가세
하느님 전으로 등장을 가세

1. 삽살개 무뚜에 관하여

무뚜는 은모래 빛 털이 긴 삽살개다. 2개월 갓 지났을 때 어미 품을 떠나 북한산 기슭 구기동에 사는 작가 김선생님 댁으로 왔는데 생긴 느낌이 메주덩어리 같기도 하고 옷 보따리 같기도 한 것이 쓰다듬어 보면 온몸이 뭉실뭉실, 뭉뚝뭉뚝 하였다. 그래서 그 이름을 '뭉뚝' 에서 받침을 빼고 '무뚜' 라고 붙인 것은 아니고, 마침 그 무렵 무뚜의 주인 김 선생이 인도 영화 '춤추는 무뚜' 를 보았는데 그 주인공처럼 주인에게 충성하고 용감하며 영리하게 자라라고 무뚜라는 이름을 지어주었다고 한다.

실제로 무뚜는 그렇게 자라났다. 충성심은 말할 것도 없고 용맹하고 영리하기 때문에 절대 사고치는 일이 없다. 산에 데리고 올라가면 빠른 속도로 앞서 달려가다가 주인에게 돌아오기를 반복하는데 그 달리는 모습이 참으로 멋이 있다. 긴 털이 빗살무늬처럼 비스듬히 누워 바람을 가르고 지나가는 것을 본 사람이면 누구나 무뚜에게 반하고 만다. 이놈은 산을 넓게 본다. 그냥 등산로만 다니는 게 아니라 수풀 사이를 뚫고 자기가 새 길을 만들며 다니기도 하고 가끔 계곡 아래로 내려갔다가 반대편 계곡으로 올라가서 주인 오는 길목을 기다리고 있기도 한다.

무뚜는 이제 두 살 반이다. 한 살이 지나면서 얼굴 윤곽이 잡히고 뼈대가 굵어지더니 참으로 늠름한 개가 되었다. 앞다리를 차렷 자세로 모으고 양발은 45도 각도로 벌린 채 긴 털 꼬리를 오른쪽으로 휘감아 올리고 고개를 곧게 들어 상대방을 바라보는 모습은 그야말로 일품이다. 갈색 눈동자의 커다란 둥근 눈에 짙은 아이라인이 있어 무뚜가 정색을 하고 상대방의 눈을 바라보면 대략 마음이 흔들리는데, 특히 여성들을 대단히 매료시킨다.

이놈은 자기가 잘났다는 걸 아는 모양이다. 삽살개는 경상북도 경산에 본부가 있어 그곳에서 번식을 관리하는데 그동안 무뚜에게 네 번 암컷을 소개해주었다. 그중 두 번은 하고 두 번은 안 했는데 안 한 이유는 암컷이 마음에 들지 않아서이다. 자기 눈에 차지 않는 암컷에게는 눈길도 주지 않는다. 인간적 측면에서 무뚜의 이런 점은 좀 나쁘다고 볼 수 있는데 사람이 아니고 개니까 좀 봐줘야 하지 않을까? 하지만 예절은 바른 개여서 주인이 8년 기른 '검돌이'라는 슈나우저를 형님으로 깍듯이 모시며 산다. 몸무게가 자기 삼분의 일 밖에 안 나가는 형님이지만 물을 마실 때나 밥을 먹을 때 꼭 형님 먼저 드시게 하고 간혹 형님이 신경질을 부려도 대수롭지 않은 듯 넘어가주는 아량을 보인다.

무뚜는 자비로운 김 선생 주인 내외와 그 집 대학생 아들 그리고 검돌이와 함께 참으로 행복하게 살았다. 같이 동네 산보도 하고 산에 도 가고 마당에서 뛰놀며 인간의 언어도 익히고 맛있는 것도 먹으며 정말 남부럽지 않은 세월을 보냈다. 그러던 무뚜가 주인과 떨어져 세상맛을 보게 된 것은 김 모 씨 네 집 뒷산에 사는 도깨비들 때문이다. 다 아는 사실이지만 삽살개는 도깨비를 본다. 무뚜는 가끔 늦은 밤 혹은 새벽녘에, 동네 다른 개들은 물론, 경험 많은 검돌이 형님도 가만히 있는데, 혼자 무섭게 짖는 일이 있다. 그것은 뒷산의 도깨비들이 동네로 내려와 장난을 치기 때문인 것이다. 지금부터 무뚜가 도깨비들 때문에 주인 곁을 떠나 세상을 경험하게 되는 이야기를 시작하겠다.

2. 무뚜 인사

모두 퇴장하고 무뚜만 무대에 남아 관객들에게 자기 언어로 인사한다.

무뚜 나 무뚜 존 멍멍 우해, 무뚜 주인 존 우해해 오느르 사람 마니 조아 인사 멍멍 우해, 엉? 엉? 나 무뚜 두사르 우해? 세 사르 우해? 엉. 엉. 사람 마니 마니 고마요. 우해해해. (절하고 퇴장)

3. 세 도깨비

어둠 속. 푸른색의 도깨비불들이 움직인다. 모였다 흩어졌다 뛰어오르기도하고 바닥에 깔리기도 하다가 하나씩 정체를 드러낸다. 오늘도 호로병은 구기동 대포집에 몰래 숨어들어가 술 한 바가지를 퍼마시고 불콰하게 취해서 돌아왔다. 홍두깨는 가벼운 몸놀림으로 호로병의 노래 장단에 맞춰 춤을 추고 있고 주발뚜껑은 한쪽 구석에 찌그러져 잠을 청하고 있다.

호로병 이 풍진 세상을 마안나았으니 너의 희망이 무엇이뇨?

홍두깨 희망은 무슨 희망? 좆도 희망 없다.

호로병 부귀와 영화를 누우려었으면 네 맘이 족할까?

홍두깨 마라 마라, 부귀영화 말도 마라.

호로병 푸우른 하아늘 밝은 달 아래 고옴고오옴이 생각허니

홍두깨 요새 세상에 푸른 하늘 좆도 없다.

호로병 (노래를 그치며) 어이, 홍두깨! 한번 놀자는데 왜 이렇게 초를 치나?

홍두깨 이거 도깨비들 살기엔 매우 떡 같은 세상.

도깨비는 사람 없인 못사는 팔자

시굴 가면 사람 적고 농약만 많아

서울 오니 사람 많고 매연도 많아

그나마 북한산 자락에 기어 들어와

산속 공기도 좋고 마을도 코밑이라

이제야 도깨비들 살판났다 싶었는데…

호로병 아, 살판났지, 살판났어!

홍두깨 네놈이야 허구헌날 동네 술집 처내려가

술바가지 덮어쓰고 곤드레만드레

호로병 담소화락에 엄벙덤벙 주색잡기에 골몰하여

주발뚜껑 (벌떡 일어나며) 아아, 이 지겨운 화상들아, 시끄럽다. 잠 좀 자자.

호로병 세상만사가 춘모옹 중에 또 다시 춘몽일세.

주발뚜껑 야, 호로병! 너 조용히 안 해?

호로병 주발뚜껑, 같이 좀 놀자는데 오늘 따라 왜 이러시오? (악사에게) 악사 양반, 반주 새로 잘 좀 넣어주시오.

산받이 알았수다! 내 쇠루다 해서 잘 집어넣으리다.

호로병 (노래) 이 풍진 세상을 또 만나았으니 너의 희망이…

주발뚜껑 야아, 무뚜 성질 건드리면 오늘도 끝이란 말이야!

홍두깨 맞아, 무뚜, 그놈. 온갖 산통 다 깨는 놈.

그놈은 우리하고 무슨 웬수 졌는지
밤중에 도깨비들 살곰살곰 마을로 내려가
사뿐 담을 넘어 마당으로 들어서서

주발뚜껑 빨래 줄에 걸린 빨래 마당으로 패대기치기

호로병 하나도 못하고

홍두깨 꽈악 잠긴 대문 화알짝 열어 놓기

주발뚜껑 하나도 못하고

슬슬 흥이 오르기 시작한 세 도깨비는 각자 자기 악기를 두드리며 춤춘다. 악사들도 신이 나서 덩달아 춤춘다.

호로병 유리창에 돌 던지기

산받이 하나도 못하고

주발뚜껑 수돗물 틀어 놓기

산받이 하나도 못하고

홍두깨 방충망 열어줘서 모기 회식시키기

산받이 하나도 못하고

호로병 양주병 다 비우고 보리차 물 채워 놓기

산받이 하나도 못하고

호로병 (박을 중단시키며) 네미랄, 악사 양반들이 흥을 다 깬다!

산받이 제미랄 무슨 흥을 깨?

호로병 '하나도 못하고' 때문에 박자가 늘어지잖아?

산받이 그런가?

호로병 그렇지!

산받이 그럼 '하나도 못하고' 하지 마?

호로병 하지 마!

산받이 알았어, 안 할게.

호로병 박이나 잘 넣어주시오.

산받이 알았소. 내 잘 박아 넣어드리리다.

악사들 반주에 맞추어 다시 도깨비 장난타령이 시작된다.

주발뚜껑 냉장고문 열어 놓기

홍두깨 쓰레기통 엎어 놓기

호로병 술 취한 놈 군밤주기

주발뚜껑 설탕통에 소금 넣고 소금통에 설탕 넣기

홍두깨 지붕위에서 널뛰기

호로병 이불에다 오바이트, 우엑, 우엑…

이때 멀리서 개 짖는 소리.

주발뚜껑 이런 살맛나는 놀이를 하나도 못하게 하는

세도깨비 아, 끔찍한 무뚜!

호로병 멍멍, 멍멍…

주발뚜껑 저 소리가 싫다!

홍두깨 아무 재미도 볼 수 없어.

호로병 우리 인생을 망친 놈.

주발뚜껑 자식은 눈이 네 개가 달렸는가?

홍두깨 아무도 우리를 알아보지 못하는데

호로병 도깨비들 먼 발소리에 멍멍

주발뚜껑 꺼억, 호로병 트림에도 멍멍

홍두깨 도깨비는 동네 근처 얼씬도 못하게 하니…

호로병 우린 못 살겠다, 이거지.

다시 개 짖는 소리.

홍두깨 아니, 동네 주인들이 가만있는데, 딴 개들 모두 가만있는데 왜 무뚜 저놈만 지랄이냐 말이야, 지가 뭔데, 응?

주발뚜껑 삽살개잖아?

호로병 그래서?

주발뚜껑 삽살개는 도깨비를 본대잖아?

홍두깨 그래서?

주발뚜껑 그래서 우릴 보면 짖는다, 이거지.

홍두깨 주발뚜껑 너 지금 무뚜 저놈을 감싸고 도는 거야?

주발뚜껑 감싸고 돌긴 누가 감싸고 돌아?

홍두깨 니가 지금 무뚜를 변호한 거잖아?

주발뚜껑 변호는 누가 변호를 해?

홍두깨 너 무뚜가 좀 거시기하게 생겼다구 봐주는 거야?

주발뚜껑 거시기는 무슨 거시기?

홍두깨 솔직히 그놈이 좀 거시기하게 생긴 건 사실이잖아?

주발뚜껑 아, 지겨운 저 홍두깨 콤플렉스.

홍두깨 내가? 내가 무슨 콤플렉스?

주발뚜껑 아, 저 콤플렉스가 싫다!

홍두깨 왜? 내가 왜 콤플렉스냐구?

또 개 짖는 소리.

호로병 야, 홍두깨! 너 솔직히 콤플렉스 좀 있잖아?

홍두깨 (팔짝팔짝 뛰며) 나 콤플렉스 하나도 없단 말이야! (산받이에게) 여보 악사 양반, 솔직히 좀 물어봅시다. 내가…

산받이 솔직히 물면 대단히 아프지.

홍두깨 그 무는 거 말고 묻는 거 말이야.

산받이 어디, 땅에 묻어?

홍두깨 아니, 그 묻는 거 말고 말을 좀 묻겠다 그 말이야, 말!

산받이 말이 죽었나, 땅에 묻게?

홍두깨 이런 염병, 싫으면 관둬라!

산받이 솔직히 당신 콤플렉스 좀 없다고 하면 거짓말이 아니라고 치면 여간 섭섭하지 않으려나?

홍두깨 (산받이의 말을 한참 따져보다가 호로병과 주발뚜껑에게) 고봐, 나 콤플렉스 없다잖아?

주발뚜껑 그래, 홍두깨, 콤플렉스 없다!

호로병 없어?

주발뚜껑 없어.

홍두깨 (호로병에게) 그것 봐!

호로병 그럼 없다고 치자.

주발뚜껑 없다고 치는 게 아니라 없어!

홍두깨 진짜 없어.

호로병 그래, 없다. (사이) 그런데 왜 없지?

주발뚜껑 우리가 지금 이렇게 싸울 게 아니라 어떻게 무뚜를 달래서 우리의 자유를 획득하느냐를 논의해야 하는 그런 시점이니까 없는 거지.

홍두깨 자유는 구걸하는 게 아니야. 쟁취하는 거지!

호로병 와! 정말 없다!

홍두깨 따라서 우리는 지금부터 어떻게 무뚜를 제거하느냐, 이걸 연구해야 돼.

호로병 무슨 수로 그놈을 제거하나? 그러다가 물리기라도 하는 날엔…

주발뚜껑 꼭 제거를 해야 하나? 잘 달래서…

홍두깨 자유는!

호로병 구걸하는 것이 아니다!

홍두깨 쟁취하는 것이다!

주발뚜껑 아무리 그래도… 제거는 너무…

홍두깨 너 또 무뚜를 거시기 하는 거지?

주발뚜껑 거시기는 누가 거시기? 자유 쟁취!

호로병 자유 쟁취!

홍두깨 자, 모두 모여서 머리를 맞대자구.

세 도깨비, 머리를 맞대고 구호.

세도깨비 무뚜를 제거하여 도깨비 자유 쟁취하자!

악사들의 반주에 맞춰 세 도깨비는 노래하며 춤춘다. 이때 무뚜가 살금살금 무대에 등장하여 이들이 노는 모습을 유심히 지켜본다. 주발뚜껑이 무뚜를 발견한다.

주발뚜껑 (놀라서) 무뚜다.

세도깨비 (줄행랑을 치며) 무뚜다!

무뚜 (혼자 남아) 야, 가지마! 왜? 왜? 야, 야!

4. 김선생님네 마당

무뚜와 검돌이가 놀고 있다. 그들은 한정된 어휘와 불완전한 문장으로 말을 주고받는데 대신 운율과 장단으로 감정을 표현한다. 또한 무뚜를 비롯한 동물들은 대본에 없는 의성어나 의태어로 의사 교환을 할 수 있다.

검돌이 무뚜!

무뚜 거므도르!

검돌이 (앞 다리로 공을 몰며) 축구 뺑, 축구 뺑!

무뚜 추꾸 뺑?

검돌이 촌놈, 축구 몰라?

무뚜 추꾸?

검돌이 테레비 축구, 테레비 축구.

무뚜 데레비?

검돌이 촌놈! 테레비… 음. 사람들 마구 노래 춤. 으쌰, 으쌰, 테레비.

무뚜 으쌰 으쌰 데레비 노래 추므 도깨비?

검돌이 도깨비? 도깨비 노우. 테레비. 축구. 와아… (공을 몬다)

무뚜 (공을 빼앗아 능숙한 솜씨로 몰며) 와아…

검돌이 어쭈?

둘이 공차기를 하는데 무뚜가 검돌이보다 훨씬 잘한다.

악사 (노래)

검돌이는 왕년에 애완견 출신이라.
지금은 비록 땅개 신세지만
한때 주인과 함께 침대에서 뒹굴던 몸.
천둥벌거숭이 무뚜와는 급이 다르구나.

둘이 축구를 하고 있는데 주인이 한 손에 술병을 들고 흐트러진 걸음으로 노래하며 등장한다. 무뚜와 검돌이가 반갑게 맞는다.

주인 니일리야 니일리리 닐리리 맘보오… 오 무뚜, 검돌이.

주인 무뚜 앉아, 일어서. 차렷!

무뚜가 시키는 대로 하자 주인이 착하다며 무뚜를 쓰다듬는다. 검돌이가 질투가 나서 무뚜에게 헤딩한다. 무뚜는 아무 일도 없었다는 듯 검돌이를 멀뚱멀뚱 바라본다.

주인 짜식이, 너는 다 할줄 알잖아?

검돌이가 화가 나서 으르렁댄다.

주인 그래, 검돌이도 하자. 검돌이 앉아, 일어서, 차렷! 아, 착하다. 검돌이는 할줄 아는 거 또 있지? 검돌이 자빠져!

검돌이가 네 다리를 위로 하고 바닥에 발랑 자빠진다.

주인 무뚜는 왜 저걸 못할까?

검돌이가 네 발을 흔든다. 무뚜는 뭐라고 소리를 낸다. '나는 애완견이 아니야' 라는 뜻이다.

주인 자, 모두 이리 와. (육포를 하나씩 주며) 잘 했으니까 우리 꼬기 먹자. 아, 술 췐다. (마당에 벌러덩 눕는다)

검돌이는 육포를 받아 한번에 다 먹는데 무뚜는 아끼듯 한입 뜯어먹고는 마당 한구석에 곱게 모셔 놓는다. 검돌이가 살금살금 다가가 먹으려하자 무뚜가 쏜살같이 쫓아가 검돌이를 위협한다. 주인은 술에 취해 누운 채로 노래한다. 검돌이가 주인의 노래에 맞춰 춤춘다. 티브이 쇼 프로그램 같은 데서 흔히 볼 수 있는 막춤이다.

주인 야, 검돌이 춤 잘 춘다. 무뚜도 같이 춰봐.

무뚜는 검돌이 흉내를 내며 흘끔흘끔 눈치를 살핀다.

주인 야, 검돌이 춤 솜씨 많이 늘었다. 무뚜만 조금 더 연습하면 같이 테레비 장기자랑에 나가도 되겠다.

티브이에 나간다는 소리에 검돌이가 좋아 날뛴다. 검돌이는 좋아서 몸을 좌우로 비틀며 난리발광을 떠는데 티브이가 뭔지도 모르는 무뚜도 덩달아서 겅중겅중 위로 높이 치솟는 듯 뛴다. 도깨비들이 김선생네 마당으로 숨어들어와 이들을 지켜보고 있다. 저희들끼리 뭐라고 수군댄다. 무뚜가 뛰다 말고 고개를 오른쪽으로 180도 돌려서 뒤를 본다. 무뚜가 도깨비를 볼 때는 꼭 이렇게 본다. 무뚜가 도깨비를 발견하자 소리치며 달려간다. 그러나 무뚜가 도깨비들에게 달려가는 것은 그들을 공격하자는 것이 아니라 도깨비 춤 때문이다.

세도깨비 (달아나며) 도깨비 살려!

주인 무뚜, 무뚜!

무뚜는 무대 바깥까지 도깨비들을 쫓아갔다가 돌아온다. 그 사이 검돌이가 무뚜의 육포를 다 먹어치운다.

주인 검돌이, 안돼! 너 무뚜 꺼 훔쳐 먹으면 안 된다 그랬지? (마당으로 돌아온 무뚜에게) 무뚜, 너 왜 자꾸 그래? 아무 것도 없는데…

무뚜가 끙끙거리며 뭐라고 말한다.

주인 꾸응, 꾸응… 그게 뭐야? 뭔가 말 못할 사정이 있어? 그래, 알았어. 무뚜는 테레비 나가려면 검돌이 형아한테 춤 좀 배워야할 텐데… 같이 한 번 추자!

주인과 검돌이가 춤추는데 무뚜는 아까보다 더 어색하게 쭈빗거리며 주위를 돈다.

주인 (무뚜에게 춤동작을 보여주며) 이렇게 해봐, 이렇게!

무뚜가 따라하지만 어색하다. 검돌이는 무뚜 보라는 듯 동작을 해 보인다. 무뚜는 점점 더 풀이 죽는다.

주인 오늘은 그만. 무뚜는 검돌이 형아한테 열심히 배워두거라. (노래하며 퇴장)

검돌이 (춤동작을 보여주며) 이거 안돼? 이거.

무뚜 몰러!

검돌이 이거 해! 이거.

무뚜 안 해!

검돌이 왜 안 해? 이거.

무뚜 그거 시러. 안 해! (퇴장)

검돌이 이거 못해? 이거. 앗싸! (춤동작을 계속하다가 무뚜가 없어진 것을 알고 놀라서) 야, 무뚜! 무뚜! 주인님, 무뚜가 없어졌어요. 무뚜 도망갔어요!

5. 도깨비 춤판에 찾아간 무뚜

음악 들리는 가운데 도깨비불이 춤춘다. 도깨비불이 사라지며 도깨비들이 모습을 드러낸다. 도깨비들은 술 먹고 노래하고 춤추며 놀고 있다.

노래 노세, 노세, 젊어 노세.
인생 한번 늙어지니
다시 청춘은 어렵더라.
노세, 노세, 젊어 노세.
늙어지며는 못 노나니…

무뚜가 살며시 나타나 도깨비들을 지켜보고 있다.

무뚜 야!

도깨비들이 놀라 달아나려하나 무뚜가 그 앞을 가로막는다. 도깨비들이 무뚜 앞에 무릎을 꿇고 엎드린다.

무뚜 야.

세도깨비 네

무뚜 나 추므.

세도깨비 나추무?

무뚜 나 추므!

홍두깨 나춤. 더 엎드리란 말씀?

무뚜 (몸동작을 보이며) 아니, 나, 추므!

홍두깨 아, 춤이요? 이런 춤?

무뚜 엉, 나 추므.

홍두깨 춤을 추시겠다는 말씀?

무뚜 엉, 추므.

홍두깨 추시죠. 얼마든지.

무뚜 (주발뚜껑을 가리키며) 너, 나 춤.

주발뚜껑 나하고 춤추자고요?

무뚜 엉.

주발뚜껑 나 춤 잘 못 춰요.

무뚜 (몸동작을 보이며) 너, 나 추무.

호로병 야, 주발뚜껑. 무뚜님께서 춤 한 번 추자는데 머 허냐? (무뚜에게 몸동작을 해 보인다)

무뚜 (고개를 끄덕이며) 엉. 너, 나 추므.

호로병 (악사에게) 악사 양반, 반주 좀 부탁합시다.

산받이 반주? 밥상이 있어야 반주를 들지.

호로병 이 양반이 지금… 장난치지 말구!

산받이 알았어, 알았어. 굿거리? 자진모리?

호로병 굿거리루 갑시다.

반주가 시작되자 주발뚜껑이 살풀이를 춘다. 무뚜는 주발뚜껑의 춤을 보며 어설프게 따라하다가 어려운 대목이 나오자 음악을 중단시킨다.

무뚜 (동작을 흉내내며) 이거, 또.

주발뚜껑 이거요?

무뚜 응. 이거.

이렇게 해서 무뚜는 주발뚜껑에게서 춤을 배우게 된다. 그러나 너무 더뎌서 악사들에게서 야유가 터져 나오고 도깨비들은 답답해 미칠 지경에 이른다.

홍두깨 (갑자기 음악을 중단시키며 무뚜에게) 저기, 무뚜 형님.

무뚜 왜, 왜?

홍두깨 아니, 저기요…

무뚜 해! 해!

홍두깨 예. 합니다. 해요. 그런데 춤 잘 추고 싶은 거쥬?

무뚜 (흥분해서) 추므 주악, 주악!

홍두깨 알았슈. 그러니까 쟤한테 춤 배워야 막춤이고… 정식으로 춤 교습소에 나가시는 게…

무뚜 추므 모? 왜, 왜?

주발뚜껑 야, 내가 왜 막춤이야?

홍두깨 (주발뚜껑에게 눈을 찡긋하며) 저기 강남에! 동물님들 춤 교습소에 나가면! 한 세 번만 가면 완전 춤꾼 돼요.

무뚜 강나므?

홍두깨 안 그렇수? 악사양반.

산받이 암, 제비는 강남 제비지.

홍두깨 강남… 춤추는데… 세 번만 가면…

무뚜 세 번?

홍두깨 세 번.

무뚜 세 번, 짠 짠 짠?

홍두깨 세 번, 짠 짠 짠! 쭈악, 쭈악. 짠 짠 짠. 나 따라 오실라우?

음악과 함께 도깨비들의 형체가 불빛으로 바뀐다. 무뚜는 불빛을 따라 춤 배우러 강남으로 간다.

6. 들판에서 길 잃은 무뚜

밤. 온몸이 물에 젖은 무뚜가 서글피 울며 강가 들판을 헤맨다. 바람 소리.

무뚜 거므도르! 주인니므! 엉, 엉.
무뚜 추워! 엉, 엉.
무뚜 배고파! 엉, 엉.

해가 떴다가 지는데 무뚜는 계속 들판을 헤매고 있다.

어디? 주인니므! 으흐, 으흐.
무뚜, 무서워! 으흐, 으흐.
지브. 간다! 지브, 간다! 으흐, 으흐.

또 해가 떴다가 진다.

엄마야, 엄마야. 응, 응.

달부르, 별부르, 응, 응.

도깨비부르 미워. 응, 응.

무뚜는 지쳐 들판에 잠든다. 홍두깨가 살며시 등장하여 잠든 무뚜를 들여다보다가 안주머니에서 떡을 한 덩이 꺼내 무뚜 앞에 놓고 퇴장.

7. 도깨비 자유

호로병은 술에 취해 노래하고 있고 주발뚜껑은 안절부절 못하며 홍두깨를 기다리고 있다.

호로병 푸른 하아늘 밝은 달 아래 곰곰이 생각하니…

주발뚜껑 야, 시끄러!

호로병 왜 이러시오 주발뚜껑? 무뚜도 없는데. 세상만사가 춘몽중에…

주발뚜껑 야!

호로병 주발, 우리 이쁜 주발. 같이 놉시다.

주발뚜껑 조용히 못해?

호로병 아, 기분이 좋아서 노래가 절로 나오는 걸 나더러 어떡하란 말이오?

주발뚜껑 넌 어떻게 그렇게 인정머리가 없냐?

호로병 어! 이거 무슨 섭섭한 말씀. 그런 말씀. 인정하면 이 호로병. 호로병 하면 인간미! 그런 말씀, 안 될 말씀.

주발뚜껑 아무 죄도 없는 무뚜. 춤 좋다고 춤 배우겠다던 무뚜. 순진해서 세상물정 모르는 무뚜. 그런 애를 홀려서 들판에 혼자 팽개치고 돌아온 우리 도깨비들, 참 대단한 도깨비들!

호로병 아, 그래서 홍두깨가 상황파악 하러 간 거 아닌가 하오.

주발뚜껑 그러니까 국으로 조용히 앉아서 기다리라구. 뭐 잘 했다구.

호로병 여자들은 저렇게 맘이 여려서 탈이란…

주발뚜껑 여자가 어때서? 여자가 뭐 어째? 다시 말해봐.

호로병 아니, 왜 이렇게 흥분을? 여자들이 마음이 곱잖아? 내 말은 그렇다는 뜻으루다가…

주발뚜껑 호로병, 너 다시 한 번 여자가 어쩌구 들먹거리면 주발뚜껑으루 호로병 주둥이를 부숴버릴 거야.

호로병 무슨 그런 험악한 말씀? 그런 말씀, 안 될 말씀. 조심, 조심, 입조심. 여자의 '여'자도 꺼내지 말 것. 앗, 홍두깨!

주발뚜껑 어떻게 됐어?

홍두깨 성공, 성공!

호로병 성공이라 함은?

홍두깨 무뚜가 완전히 길을 잃고 헤메다가 지쳐서 주인 찾다 엄마 찾다 별불이 어떻고 달불이 어떻고 횡설수설하다가 길바닥에 쓰러져 잠이 들었다오.

호로병 그것을 과연 성공이라고 할 수 있을까요?

주발뚜껑 어디야, 거기가?

홍두깨 강 건너 안산이지!

주발뚜껑 당장 가.

호로병 내 그럴 줄 이미 알았다오.

홍두깨 (어리둥절하여) 왜 가?

주발뚜껑 무뚜 죽으면 니가 책임질래?

홍두깨 무뚜가 왜 죽어?

주발뚜껑 길에 쓰러져있다며?

홍두깨 근데 왜 죽어?

주발뚜껑 굶어죽을 수도 있고, 차에 치어 죽을 수도 있고…

홍두깨 너 무뚜가 그렇게 좋으냐?

주발뚜껑 애가 다 죽게 생겼는데 빨리 손을 써야할 것 아냐?

홍두깨 허긴 둘이 춤출 때 보니까 아주 좋아서 죽더구만. 웃음을 못 참아가지고 입술이 쫑긋쫑긋 엉덩이는 씰룩씰룩. 참 가관이더라, 가관!

주발뚜껑 저놈의 콤플렉스.

홍두깨 내 말이 틀려? 호로병한테 물어봐.

주발뚜껑 그래, 내 엉덩이 씰룩씰룩 했다 치고, 빨리 무뚜나 구하러 가.

홍두깨 난 못가니까 너나 가.

주발뚜껑 나쁜 자식. 내가 무뚜 구해가지구 올 테니까 낭중에 너 혼 좀 나봐라.

호로병 어. 주발뚜껑. 잠깐만. 우리가 지금 이렇게 싸울 일이 아니다. 말루다 좋게 해결을 봐야지, 이거 같은 도깨비들끼리 이러면 되겠는가?

홍두깨 주발뚜껑 쟤가 무뚜한테 빠져가지고 저러는데 어쩌겠냐?

주발뚜껑 빠지긴 뭐가 빠져? 죄 없는 애가 길바닥에서 죽게 생겼는데!

홍두깨 우리 구호 외치고 약속했어! 무뚜 제거, 자유 쟁취! 잊었어?

주발뚜껑 그게 무뚜 죽이자는 구호였냐?

홍두깨 죽이긴 누가 죽여? 아무리 여자라두 이거 너무하는 거 아냐?

주발뚜껑 뭐? 아무리 여자라두? 여자가 어때서? 여자가 어때서?

홍두깨 아니, 여자가 어떻다는 게 아니구…

호로병 홍두깨, 엄청 실수한 것 같소. 안 그렇소, 악사양반?

산받이 암, 실수도 보통 실수가 아닌 듯 싶소.

주발뚜껑 말해 봐. 여자가 어떤데?

홍두깨 야, 무뚜가 춤 배우겠다구 그래서 춤 가르쳐줘…

주발뚜껑 말 돌리지 말고, 여자가 어뗗다는 거야?

홍두깨 말 돌리는 게 아니라, 나 억울하다 이거야. 그래, 춤 가르치다 안 돼서 전문 교습소 데려다줘.

주발뚜껑 그게 교습소냐? 곡마단이지. 입은 삐뚜러져도 말은 바루 해라.

홍두깨 어찌 됐건. 교습소 단장이 없어서 기다리다가 지가 답답해서 못 기다리고 헤매는 거 배고플까봐 떡까지 사다 줘. 더 이상 뭘 어뗗게 하냐?

호로병 떡을? 떡을 사다 줘? 아무래도 홍두깨가 제정신이 아닌 듯싶소.

홍두깨 사다 줬다기보다는 마침 지나는 길에 보니까 떡집이 있길래 한 덩이 슬쩍했는데 짜식이 불쌍해서 주고 왔지.

주발뚜껑 (미덥지 않다는 듯) 정말이야?

호로병 그럼 진즉에 그렇게 말을 할 것이지, 이 사람아!

홍두깨 주발뚜껑 재가 하도 싸고 도니까 억하심정이 나서 그랬지.

주발뚜껑 싸고 돌긴 누가 싸고돌아?

호로병 싸고 돌았다기보다는 모성애의 발로로써 여성 특유의 그 어떤…

주발뚜껑 아, 시끄러! (홍두깨에게) 무뚜 차 다니는 길에 잠든 거야?

홍두깨 나 또 삐진다.

주발뚜껑 그래두 내일이라도 한번 가보자, 무사한가.

호로병 모두 고생들 했소. 술이나 한 잔 부닥칩시다!

세 도깨비 (건배하며) 무뚜 없는 세상, 즐거운 세상, 참 아름다운 세상. 도깨비 자유 만세!

8. 단장을 만난 무뚜

지친 무뚜가 들판에 엎드려 중얼거리고 있다.

무뚜 주인니므, 무뚜 지브 가. 꼭. 무뚜 지브 가.

이 때 들판을 지나던 오동추 곡마단 단장이 무뚜에게 다가온다. 무뚜가 인기척을 느끼고 단장을 발견하자 방어 자세를 취한다.

단장 야, 너 참 잘 생겼다. 이름이 뭐야?

무뚜는 무표정하게 단장을 쳐다본다. 단장이 주머니에서 육포를 꺼내 무뚜에게 준다. 무뚜가 허겁지겁 육포를 삼키다가 사레들린다. 기침하는 무뚜. 무뚜의 등을 두드려주는 단장. 주머니에서 물병을 꺼내 무뚜에게 준다. 물을 마시는 무뚜.

단장 여기 왜 이러고 있어? 울 집에 가자.

거부의 몸짓을 하는 무뚜.

단장 가기 싫여? 내가 집에 가서 늬 주인 찾아줄게. 가자!

여전히 단장을 의심의 눈초리로 바라보는 무뚜.

단장 싫으면 권둬라. (퇴장)

단장이 퇴장하자 빠른 걸음으로 쫓아가 뒷모습을 바라보는 무뚜. 잠시 후 단장이 다시 등장하자 안 그런 척 제 자리로 돌아와 시치미 떼고 있는 무뚜.

단장 이런 바보. 울 집에 가자니까. 거기 가면 친구들 많다. 신나는 노래두 하고 춤도 추고… 얼마나 재밌는데…

춤을 춘다는 소리에 귀가 솔깃해진 무뚜. 진짜냐고 눈빛으로 묻는다.

단장 그럼 진짜지. 내가 이 나이에 너 겉은 눔헌테 거짓부렁 허랴? 어서 가자! 이리와! 가만 있자, 이름을 져줘야지. 뭐라고 할까? 영화배우처럼 잘 생겼으니까 경구(景拘)

라고 하지. 니 이름은 이제 경구다. 밝을 경에 개 구, 경구. 알았지, 경구?

무뚜가 저항하듯 '컹' 하고 짖는다.

단장 경구, 싫여? 싫으믄 권두고… 가자!

무뚜, 단장을 따라 퇴장한다.

9. 오동추 곡마단

빈 방구석에 무뚜 혼자 쭈그리고 있다. 단장이 들어오더니 육포를 하나 주고 아무 말 없이 나간다. 밖에서 문 잠기는 소리. 육포를 조금만 뜯어먹고 한쪽에 곱게 모셔놓는 무뚜. 한숨을 쉰다. 어디 도망 나갈 구멍이 없나 살피다가 벽으로 뛰어 올라보기도 하지만 소용없다. 의기소침해 있다가 잠이 든다. 그렇게 하루가 지나갔다.

꿈을 꾼다. 도깨비들이 춤추며 지나간다. 무뚜는 아랑곳하지 않고 자기들끼리 신나서 히히덕거린다. 무뚜가 도깨비들을 쫓아가려 하지만 발이 말을 듣지 않는다. 그렇게 도깨비들은 사라진다.

다음날 단장이 들어와 새 육포를 주고 먹다만 육포는 가져간다. 아무 말도 없이 나가는 단장. 밖에서 문 잠기는 소리. 육포를 조금만 뜯어먹고 한쪽에 곱게 모셔놓는 무뚜. 또 꿈을 꾼다. 이번에는 주인님과 검은돌이 춤추며 지나간다. 검은돌은 여전히 까불면서 주인에게 애교를 떤다. 주인이 검은돌에게 육포를 준다. 무뚜가 주인을 부르려하지만 목소리가 터지지를 않는다. 그렇게 며칠이 지나간다.

그러던 어느 날 저녁, 어디로 들어왔는지 키가 큰 거위 아저씨가 무뚜 방에 나타난다. 수인사도 없이 꽥꽥거리며 무뚜 주위를 돌다가 무뚜를 뛰어넘더니 벽을 타고 천장까지 오르락내리락 하기를 반복하며 정신을 빼놓는다. 그러다가 무뚜가 아까워서 안 먹고 있는 육포를 집어 들고 무뚜를 놀린다. 무뚜가 잽싸게 달려들어 육포를 뺏으려했지만 거위가 살짝 피한다. 다시 무뚜가 "내꺼!" 하며 달려들어 육포를 빼앗는다.

거위 어! 말을 허네. 말 헐 줄을 알어. 말을 헌다, 말을 해! (신이 난다는 듯 다시 벽을 타고 오르내리기를 반복한다)

어디서 고양이가 들어와 대들보 위에서 이 광경을 조용히 지켜보고 있다. 잠시 후 원숭이가 들어와 폴짝폴짝 뛰며 거위 뒤를 좇는다. 그러다가 천정에 줄을 걸고 줄타기를 한다.

거위 (원숭이에게) 재가 말을 해, 말을!

원숭이 (줄에서 내려오며) 말을 해? (무뚜에게) 너 이름이 뭐야? (대답이 없자 손뼉을 치며) 와, 말 못한다!

거위 말 해.

원숭이 (무뚜에게) 말 해? 이름이 뭐?

무뚜가 등을 돌리고 돌아앉는다.

원숭이 (손뼉을 치며) 와, 말 못한다, 말 못해!

거위 말 헌다니까! (무뚜에게 몰래 다가가 육포를 빼앗아 달아난다)

무뚜 (거위를 쫓아가며) 내꺼, 내꺼!

거위 (무뚜에게 두 손으로 공손하게 육포를 돌려주며 원숭이에게) 거봐, 말 허잖아?

원숭이 와, 말을 하는구나?

무뚜 뭐?

원숭이 아쭈, 너 이름이 뭐야?

무뚜 너! 이르므 뭐?

원숭이 말 잘하는데! 난 원숭이다.

무뚜 나 무뚜.

원숭이 무뚜? (손뼉을 치며) 와, 무뚜다, 무뚜!

거위 (손을 내밀며) 난 거위 아저씨.

고양이 (대들보에서 가볍게 뛰어내려와 손을 내밀며) 난 예쁜 고양이.

이때 단장이 채찍을 들고 들어온다. 무뚜만 빼고 모두 일렬로 선다. 단장이 수신호를 하자 거위, 고양이, 원숭이가 바쁘게 움직여 자리 잡는다. 단장의 신호에 따라 연습이 시작된다. 거위의 입장단에 맞춰 고양이와 원숭이가 춤춘다. 춤이 흥겨워지자 거위의 입장단은 점차 느려지더니 구슬픈 구음으로 바뀐다. 고양이와 원숭이의 느린 움직임이 마치 광대생활의 끝없는 서러움을 말하는 듯 보인다. 구음이 절정에 달할 즈음 무뚜가 꺽꺽 울기 시작한다. 단장이 채찍을 휘두르며 춤을 중단시킨다.

단장 그만! 해산! 바보 같은 놈들! 애를 왜 울려? 그렇게 눈치가 없어?

모두 혼비백산 달아나는데 단장은 채찍을 휘두르며 쫓아간다. 문 닫히는 소리. 잠기는 소리. 혼자 남은 무뚜의 꺽꺽대는 울음소리가 조금 전 거위의 구음을 이어받은 듯 서글프다.

악사들의 노래

낳아주신 애비의 얼굴도 모르는 채
두 달 만에 젖 떼고 에미 곁을 떠난 무뚜
운이 좋아 좋은 주인 만난 좋은 세월도 잠깐.

불현듯 춤바람 불어 도깨비 따라 나섰다가
이름마저 무뚜가 아니고 경구라나 뭐라나, 하니
내일은 또 뭔 일이 생길랑가 누구라 알까

10. 편지

단장의 지도 아래 리허설을 하고 있다. 악사들이 곡마단의 악사 역할을 한다. 4인 舞다. 무뚜는 서툴지만 그럭저럭 따라하고 있다.

단장 고만. 수고덜 했어. 경구는 정신 좀 바짝 차리구 해야겠다. 해산!

단장이 퇴장하자 모두들 바닥에 널부러진다. 무뚜는 시무룩한 얼굴로 한쪽 구석에 가 앉아 있다.

거위 (뒷주머니에서 술병을 꺼내 나발을 불며) 어이구 살 것 겉다. 누구 말린 괴기 겉은 거 좀 없냐?

무뚜가 감춰뒀던 육포를 꺼내 거위에게 준다.

거위 이 맛있는 걸 안 먹구 뒀다가 남주냐? 으쨌든 고맙다. (다시 술을 마신다)

원숭이 (바지 아랫단에서 가치담배를 꺼내 물고 불을 붙이며) 아저씨는 속 아프다면서… 술 좀 끊으슈.

거위 언숭이, 이 자석아, 너 술 한 잔 사줘보구 그런 소리 허거라. 어린 눔이 어른 앞에서 담배나 빽빽 빨면서 헌다는 소리는… 야, 세상 참 좋아졌다.

원숭이 그러는 아저씨는 은제 담배 한 개피 사줘봤수?

거위 어이구. 잘못했수다, 형씨. 그래, 막 먹어라, 막 먹어. 요새는 환갑 전까진 다 막 먹는 게 유행이라 그러더라.

원숭이 막 먹으라면 면 누가 못 막 먹을 줄 아슈? (무뚜 옆으로 다가가서 발로 툭 차며) 야, 너 왜 이러구 있어, 바보야!

무뚜가 갑자기 울음을 터뜨린다. 모두들 무뚜 옆으로 모여든다.

고양이 (원숭이에게) 너 왜 죄 없는 무뚜 건들고 그래? 무뚜 왜 울어?

거위 울지 말고 말을 허라, 말을!

고양이 이쁘지, 무뚜야. 왜 울어?

무뚜 주인니므…

거위 주인이 왔어? 어디 왔어?

무뚜 아니, 주인니므…

거위 주인 안 왔어?

고양이 아이, 아저씨두 참. (무뚜에게) 주인님이 보고 싶어?

무뚜, 고개를 끄덕인다.

원숭이 어디가 자빠졌는지 코빼기두 안 비치는 주인 찾으면 뭘 하나?

고양이 주인님이 보고 싶대잖아!

원숭이 먹여주고 재워주는 놈이 주인이지, 옛일 자꾸 들춰내면 뭘 하나?

고양이 너는 어찌 그리 싸가지가 없냐?

원숭이 내가 틀린 말 했나?

거위 첨엔 다 그런 거다. 세월 가구 정 붙이구 살면 거가 또 지 집인 거지.

고양이 그래, 옛날 일은 잊어버리구 여기서 같이 살자.

무뚜 주인니므… 보구 시퍼!

원숭이 주인 놈이 어딨는지도 모르면서 보고 싶으면 뭘 하나?

무뚜 주인니므 어디 아러.

거위 알어?

원숭이 어딨는데?

무뚜　구기동.

고양이　구기동이 어디야?

거위　서울에 북한산 밑에 구기동이라구 있다.

무뚜　(손뼉치며) 부카느산, 구기동!

고양이　아저씨, 구기동 아세요?

거위　암, 아다마다. 내 젊었을 때 그 동네두 살았었어.

고양이　그럼 낼이라두 얘 좀 집에 데려다 주세요.

거위　내일 쇼 나가야지 언제 얘 거까지 데려다 주겠냐?

고양이　쇼 끝나구 갔다 오면 안 되나?

거위　여서 거까지 하룻길인데 쇼 끝나구 언제 갔다 와?

원숭이　너 채찍 맞아 죽을라구 환장했구나.

고양이　거 참… (한참을 왔다 갔다 하며 생각하다가) 야, 편지! 편지 써서 보내자!

원숭이　편지를 누가 써?

고양이　니가 쓰지 누가 쓰냐?

원숭이　채찍 맞아 죽으라구?

고양이　몰래 써서 보내면 되지!

원숭이　하늘 아래 비밀 없다.

무뚜　편지? 편지, 모?

원숭이　촌놈, 편지두 모르냐? 편지라는 게 말이다… 니가 하고 삶은 말 주욱 적어서 보내면 늬 주인이 받아보는 거다. 넌 진짜 촌놈이다. 편지도 모르고.

무뚜 나 편지 그거!

원숭이 그거 뭐?

무뚜 그거 해!

원숭이 해라.

무뚜 너, 해.

원숭이 뭐? 내가 왜 편지를 하냐?

무뚜 우리, 친구!

원숭이 친구? 야, 얘가 친구랜다, 친구!

무뚜 너 나 친구!

원숭이 내가 왜 니 친구냐?

무뚜 형아 해?

원숭이 나 너 같은 동생 둔 일 없다.

고양이 야, 너 치사하게 왜 이러냐?

원숭이 나 치사하게 왜 이러지?

무뚜 (무릎을 꿇고) 형아, 편지, 응?

원숭이 어흠. 나 늬 형아 아니다.

거위 언숭아, 거 좀 써주라마. 불쌍하지도 않니?

원숭이 아저씨도 참! 인생이 다 그런 거지. 아저씨는 첨에 안 그

랬수? 우리 다 마찬가지 아니유?

고양이 (종이와 연필을 가져다주며) 그러지 말고 좀 써줘. 내 내일 담배 한 개피 사줄게.

거위 나도.

원숭이 이거 원숭이를 뭘루다 보구들 이려셔? 아 내가 그깟 담배 한 개피에 넘어갈 원숭이요? 참, 나…

산받이 야, 내가 웬만하면 껴들지 않을라 그랬는데 야, 원숭아. 거 좀 써줘라.

원숭이 아저씨는 또 왜 나서서 그러셔?

산받이 좀 써줘!

원숭이 싫어요.

산받이 (박에 맞추어) 편지. 편지. 편지!

모두들 원숭이 주위를 돌며 편지를 구호로 외친다.

원숭이 거 참, 알았어, 알았어. 이래서 재주가 많으면 삶이 고단한 거라. (무뚜에게) 불러봐.

무뚜 조아, 형아.

원숭이 나 늬 형 아니야, 임마! 어서 불러!

무뚜 음… 주인니므!

원숭이 이게 제목이냐?

무뚜 그거 모?

원숭이 아, 무식하긴. 마, 글에는 제목이란 게 있는 거야. 뭔가 좀 읽는 사람을 확 끌어들일 그런 제목을 다는 거라구. 주인님. 이건 너무 약해.

무뚜 나 몰라. 너 해.

원숭이 내가 니 편지 제목까지 달아줘야 되냐?

무뚜 나 주인니므 보구, 너 다므배 이거 (열손가락을 두 번 편다)

원숭이 백 개피? 진짜다 너.

무뚜 나 진짜.

원숭이 아저씨, 고양아 증인 서주는 거다. 담배 백 개피. 자, 제목을 뭐라고 한다? 주인님 전상서. 이건 좀 고리타분하고. 보고 싶은 주인님께. 이것도 진부하고… 제목은 나중에 달고 우선 본문부터 쓰자. 불러봐.

무뚜 주인니므 으 보고 시자!

원숭이 (받아 적다 말고) 얀마, 편지가 다짜고짜로 이러면 읽는 사람이 당황하잖아?

무뚜 그 모?

원숭이 주인 잘 있었냐, 모두 잘 있느냐, 우선 이런 안부를 물어야지. 그게 예의지 임마!

무뚜　엉. 그거 조아. 주인니므 잘 이나? 검은도르 잘 이나?

원숭이　너 주인하구 막 먹고 지내냐?

무뚜　모 먹어?

원숭이　하, 얘는 기초 교육이 안 돼서 안 되겠다. 너 내가 일필휘지루다가 주욱 써줄 테니까 국으루 기다리구 있어. 아, 무식한 놈.

원숭이　(혼자말로 중얼거리며 적는다) 주인님, 그간 별고 없으시고 검은돌 형아도 잘 지내는지요? 저는 주인님의 염려 덕분에 이곳 안산에 자리 잡고 있는 오동추 곡마단 단원으로 취직이 되어 편안히 잘 지내고 있습니다.

무뚜　(고개를 끄덕이고 있다가) 아니, 그거 아니!

원숭이　뭐가 아니?

무뚜　나 편아니 잘, 아니!

원숭이　임마, 편지란 게 예의상 일단은 이렇게 써놓고 그 다음에 본론에 가서 하고 싶은 얘길 하는 거라구. 편지에 다짜고짜 울고 짜고 하면 아무리 주인이래두 그렇지 기분이 좋겠냐? 생각을 좀 해라, 생각을!

무뚜　그런 거?

원숭이　그런 거지, 임마. 자식 가만있으면 2등이나 가지, 나서기는… 그 다음에 뭘 쓰나? 인제 본론으로 들어가설라무

네… 가만있어봐라… 이게 바로 본론으로 가긴 힘들구만. 그러니까…

거위 야, 언숭아! 빨리 좀 쓰지 머 그렇게 뜸을 들이나?

원숭이 아, 참! 가만 좀 있으슈! 내 말은 이 사이에, 그러니까 형식적 안부 인사와 본론 사이에 어떤 정서적 완충작용을 할 수 있는 문장 하나가 필요하다 이 말씀이야.

고양이 정서적 뭐?

원숭이 그 뭐랄까? 어떤 정서적 마사지라고나 할까?

고양이 (원숭이의 어깨를 주무르며) 마사지? 나 할 줄 알아.

원숭이 아니, 그 마사지가 아니라… 좋아, 좋아. 어, 시원하다. 음… 이거 어떨까? 저는 주인님의 염려 덕분에 이곳 안산에 자리 잡고 있는 오동추 곡마단 단원으로 취직이 되어 편안히 잘 지내고 있습니다. 그 다음에 음… 이렇게 쓰는 거라. 주인님과 헤어진 것이 찌는 여름날이었는데 어느덧 벌써 가을이 찾아와 이곳 앞산의 풍광이 그림물감을 뿌려놓은 듯 오만 가지 색깔로 물든 가을 북한산과 겹쳐져 눈앞에 아른거립니다. 어떠냐?

고양이 와, 역시!

원숭이 그래야 말이 되잖아? 앞산의 단풍을 보니까 북한산의 가을이 생각났고 북한산 하니까 주인님이 생각난다. 이래야 앞과 뒤가 연결이 되는 거라!

고양이 무슨 얘긴지 잘 모르겠지만 역시 원숭이 너는 천재다.

원숭이 뭐 천재라기보다도… 아, 그렇다. 편지 제목 생각났다, 가을 편지! 뭔가 쿨하면서도 가슴 에 와 닿는 것 같지 않냐? 가을 편지 어떻냐, 제목으로?

고양이 와! 멋져, 멋져! (박수)

원숭이 관중의 열화와 같은 박수와 환호에 드디어 나의 뇌가 돌아가기 시작한다. 가을 편지. 가을엔 편지를 하겠어요. 누구라도 그대가 되어 받아주세요…

거위 야, 인마! 너 시 쓰냐?

원숭이 아, 왜요?

거위 인마, 얘는 지금 주인이 보구 싶은 거 아냐? 그럼 보구 싶다. 찾으러 와라. 그 얘길 써야지, 무슨 단풍이 어떻구 마사지가 어떻구, 가을은 머구 그대는 또 뭐야, 이놈아! 그게 편지냐, 이 미친놈아?

원숭이 아, 편지 원래 이렇게 쓰는 거예요. 드디어 막 머리가 돌아가기 시작하는데 왜 이러세요?

거위 임마, 잔말 말고 아까 거기다 이어서 내가 부르는 대로 써! 주인님, 저는 주인님이 보고 싶습니다. (원숭이에게) 받아 적지 않구 뭐해, 임마!

원숭이 아, 받아 적을게요. (받아 적으며) 그럴 거면 자기가 쓰지 왜 날 시켜?

거위 여기 안산에 있는 오동추 곡마단으로 저를 데리러 오셔요, 주인님. 꼭요. 기둘리고 있겠습니다.

원숭이 기둘리고가 아니구 기다리곤데요.

거위 그건 니가 알아서 허구. 맨 밑에 무뚜 올림. 됐지?

원숭이 야, 이거 너무 약한데.

거위 약하긴 뭐가 약해? 필요한 말 다 들어갔는데. 봉투에 넣구. (무뚜에게) 늬집 주소가 어뜨케 되냐?

무뚜 주소 모?

원숭이 이런 무식한 자식. 임마, 구기동이 다 너희 집이냐? 주소가 있을 거 아냐?

무뚜 그거 몰라.

원숭이 그럼 편지 다 보냈다. 짜식 멍청해가지구 담배 백 개피 날라갔네.

거위 야, 구기동 어디 께냐?

무뚜 산.

거위 산 어디?

무뚜 어…

거위 산 중간에, 밑에?

무뚜 미테

거위 산 밑 어디? 집 뒤에 절 있냐?

무뚜 응, 저루.

거위 자비정사?

무뚜 응, 자비정!

거위 그럼 그게 백 몇 번진데… 늬 주인 이름이 뭐냐?

무뚜 김 성생니므.

원숭이 임마, 그건 호칭이고, 이름을 알아야지.

무뚜 사람 마니 다 김 성생님 엉.

원숭이 짜식이 뭐 제대루 아는 게 없어!

거위 그럼 이렇게 하자, 언숭아. 봉투에 적어. 서울특별시 종로구 구기동 백 몇 번지. 가로치고 자비정사 밑에 가로 닫구. 김 모 선생님 댁.

원숭이 옆에 이렇게 물음표를 하나 다는 게 어떨까요? 그럼 우편배달부가 "아, 얘들이 주소를 확실히 몰라서 그러는구나." 생각할 거 아니에요?

거위 그거 좋겠다. 자식, 저럴 때 보면 똑똑하단 말야.

원숭이 나 원래 그래요. 보내는 사람은요?

거위 음… 경기도 안산시 오동추 곡마단 김무뚜 올림. 우표 있지?

원숭이 우표 없는데…

거위 아, 단장이 우리 곡마단 회원들헌테 메일 부칠 때 붙이는 우표 있잖어?

고양이 내가 어딨는지 알어. (우표를 가져오며) 야, 무뚜 좋겠다.

원숭이가 봉투에 우표를 붙이는데 단장이 채찍을 들고 들어온다. 아무 말없이 편지를 낚아채더니 바닥을 채찍으로 한번 때리고 퇴장. 암전.

11. 아름다운 광대

무대 안쪽으로 거위 아저씨, 고양이, 원숭이가 벌거벗고 등을 보이는 자세로 걸상에 앉아 있다. 그 뒤에 무뚜가 상체를 벗고 채찍을 들고 서 있고 무뚜 뒤로 그 단장이 채찍을 들고 서 있다. 무뚜는 거위 아저씨, 고양이, 원숭이를 번갈아가며 채찍질한다. 그들은 채찍을 맞으며 무뚜의 말을 복창한다. 복창이 잘못되거나 무뚜의 채찍질이 약하면 단장이 무뚜에게 채찍질을 한다.

경구는 집이 없다.
경구는 고향도 없다.

경구는 주인이 없다
경구는 에미 애비도 없다.

경구는 광대다
집 없는 광대다
아름다운 광대다.

동물들이 채찍을 맞는 동안 악사들이 노래한다.

악사1 경구는 집이 없다.
경구는 고향도 없다.

악사2 무뚜가 어쩌다 경구가 됐나?
무뚜의 고향은 북한산

악사3 경구는 주인이 없다.

악사2 무뚜의 주인은 김 선생.

악사1 경구는 에미 애비도 없다.

악사2 세상에 에미 애비 없는 건 광대들 뿐.

악사1 경구는 광대다

악사3 집없는 광대다

악사2 아름다운 광대다.

악사1 그러니까 경구는 무뚜가 아니다.

악사2 무뚜를 주인에게 보내줘야지.

악사3 무슨 수로?

악사2 무슨 수가 생기겠지.

악사1 단장은 겁나는 사람.

악사3 한번 걸리면 죽음.

악사2 그래도 무슨 수가 생기겠지.

악사3 무뚜는 춤 배우러 온 거니까…

악사2 한 세상 사는 건데 채찍질 견뎌가며 춤은 배워 뭘 하나?

악사1 맞고 배운 춤이라야 제 맛이 나지.

악사3 고통은 쓰다. 그러나 그 열매는 달다!

악사2 그건 고통이 뭔지 모르는 것들의 배부른 소리.

악사3 세상에 공짜는 없는 법.

악사1 몇 대 맞는다고 죽는 건 아니니까.

악사2 인간들이 왜 저렇게 매정하기만 할까?

악사3 광대를 인간이라 부를 수 있을까?

악사1 광대는 정이 없다.
광대는 광대일 뿐.
그저 이름다운 광대일 뿐.

12. 거위 아저씨의 죽음

단장이 무뚜까지 포함된 4인 舞 지도를 하는데 분위기가 살벌하다. 무뚜는 그럭저럭 잘 따라하고 있다. 춤추는 중간에 거위가 갑자기 '욱' 하며 배를 잡고 쓰러진다.

단장 (채찍으로 바닥을 때리며) 계속해, 계속!

거위는 아픔을 참고 무리에 합류한다. 잠시 후 연습이 끝난다.

단장 오늘 밤 늦게까지 수고 했어. 일찍들 자고… 어, 낼부터는 경구두 겉이* 공연 나간다.

모두 '와' 하며 박수친다. 단장 퇴장. 거위는 뒷주머니에서 술병을 꺼내 들이키고 원숭이는 바지단에서 담배를 꺼내 핀다.

원숭이 아저씨는 배 아프면서 계속 술이요?

*겉이: 경기 사투리체

거위 안 마시면 더 아퍼.

고양이 그래두 좀 참으셔요, 아저씨.

거위 무뚜 말린 괴기 남은 거 좀 읎냐?

무뚜 (머뭇거리며) 읎는데…

불이 꺼진다.

거위 단장이 우리 빨리 자라고 불 끄는구먼. 모두 자자.

모두 한 줄로 눕는다. 달빛이 창으로 새어 들어와 이들을 비춘다.

고양이 낼부터는 무뚜도 같이 나가니까 참 좋다, 그치, 무뚜야?

무뚜 응.

거위 좋긴 머가 좋으냐? 무뚜 이제 고생길 들어선 거지.

고양이 그래도 같이 다니면 좋잖아요?

거위 요전에 그렇게 맞고도 벌써 아픈 거 잊었구먼. 느이들 광대로 산다는 게 먼지나 아냐? (사이) 허긴 그래서 젊은 게 좋은 거다. 아픈 것도 금방 잊어먹구… 아직 암 것도 모르니까.

고양이 우리도 다 알아요.

거위　아즉 느이들이 멀 알것냐?

잠깐의 시간이 흐른다.

원숭이　고양이 너 무뚜 거시기하게 생각하냐?

고양이　거시기는 무슨 거시기?

원숭이　내 다 알아, 임마.

고양이　웃겨, 알긴 뭘 알어?

원숭이　무뚜 너는 알지?

무뚜　몰라.

원숭이　정말 몰라?

고양이　원숭이, 너 정말 왜 이러냐?

거위　야들아, 늦었는데 그만 자자.

모두들　네.

한숨 소리, 몸 뒤척이는 소리, 코고는 소리. 잠시 후 갑작스런 비명 소리와 함께 거위가 일어나 발작을 한다. 불이 켜지고 단장이 들어와 이를 지켜본다. 거위는 고통을 못 이겨 몇 차례 벽을 뛰어오르고 내리기를 반복하더니 바닥에 쓰러져 숨을 헐떡인다. 모두들 거위 주변으로 모여든다.

거위 내일 쇼 나가야 되는데…

거위, 큰 숨을 한 차례 쉬고는 고개를 떠군다. 단장이 거위를 잠시 들여다보더니 죽은 것을 확인하고는 아무 표정도 없이 두 팔을 잡아 끌어 거위의 시신을 밖으로 옮긴다. 암전.

13. 거위 넋請

악사들이 넋청을 부르고 있다.

넋이야 넋이로다.

노양산에 시만이요

영 이별 하사메

정수가 없는 넋이로다

세상에 나온 거위망제가 놀고 갈까 왔노니

놀고들 가오 내일 아직 쉬어 가오

놀면서 쉬어 가도 정수가 없는 길이로다

세상에 나온 거위망제가 놀구 갈까 사흐나요

사흐나소사 거위망제가 사흐나요

정수경 법화경에 시왕세계루 사흐나요

무뚜, 원숭이, 고양이가 거위 영전에 술과 육포를 바치고 절한다. 절을 마치고 넋청이 계속되는 가운데 술을 한 모금씩 나누어 마시며 슬퍼한다.

무뚜 (울면서) 꼬기 있어. 나 나빠. 꼬기 나 있어.

원숭이 사후에 만반진수는 생전에 주 일 배만 못하다더니…

무뚜 나 나빠 나빠

고양이 울지 마 무뚜, 아저씨가 다 이해할 꺼다. 울지 마.

원숭이 이렇게 금세 가실 줄 알았스믄 좋아하는 술이라도 맘껏 드시게 할 걸…

고양이 그러게 말이야.

원숭이 아저씨는 그래도 그렇게 나쁘게 가시는 건 아니다.

무뚜 꼬기 먹어, 아저씨, 꼬기 먹어!

고양이 아저씨 영혼이 지금 니가 올린 육포 먹고 있어. 울지 마 무뚜야.

원숭이 좀 일찍 간 게 안 됐긴 하지만 그래두 광대루서 할 만큼 다 했지, 가실 때 오래 아프지 않고 쉽게 숨 거뒀지, 또 저승길에 술잔이라두 올릴 후배들 있지… 그렇게 나쁜 건 아니야.

고양이 그런 거야?

원숭이 그런 거지.

무뚜 나 나빠 나빠

고양이 무뚜 울지마! 니가 이제 아저씨 하던 거 다 해야 하는데 이렇게 울고만 있을 거야?

무뚜 아저씨 대신이 뭐?

고양이 아저씨가 하던 거 다 니가 해야지!

무뚜 아저씨가 하던 거 다 나?

고양이 그럼. 니가 아니면 누가 하냐?

원숭이 자, 아저씨 떠나시기 전에 절이나 한번 씩 더 올리자.

새로 술을 올리고 셋은 나란히 절한다.

14. 이리와 무뚜

단장과 원숭이가 '오동추 곡마단 동물 곡예' 라는 플래카드를 벽에 걸고 있다. 음악이 울려 퍼지는 가운데 무뚜와 고양이는 몸을 풀고 있다. 사람들이 모여든다. 모두 퇴장하고 단장이 쇼의 시작을 알리는 멘트를 한다.

단장 저희 오동추 곡마단을 사랑하는 관객 여러분, 오늘도 이렇게 저희들 동물 곡예를 보러 와주셔서 감사합니다. 저기 빨간 치마 다리가 고운 아가씨, 어제도 오셨는데 오늘 또 오셨네. 네, 저희 쇼는 아무리 봐도 물리지 않습니다. 열 번 백 번씩 보는 분들 많습니다. 젊은 분들, 나이 드신 어르신네들, 모두 좋아하시고 특히 어린 자녀분들 두신 부모님들, 저희 동물 곡예는 우리 어린 아이들 두뇌 개발과 정서 안정에 최고니까 아이들 많이 데려와 주시고… 온 국민의 사랑, 대한민국의 자랑, 우리의 오동추 곡마단! 오늘은 특별히 여러분을 위해서 우리 오동추 곡마단이 세계 최초로 소개해 올리는 삽살개 쇼를 마련

했습니다. 여러분 기대하셔도 좋습니다. 재밌게 봐주시고 앞으로도 사라져가는 우리의 전통, 오동추 곡마단! 많은 사랑 베풀어주시면 감사하겠습니다. 자, 그러면 시작에 앞서 오늘의 출연진을 여러분께 소개해 올리겠습니다. 먼저 당대의 미모를 자랑하는 우리 고양이 아가씨!

고양이가 등장하여 예쁘게 인사하고 한쪽에 자리 잡는다.

단장 다음은 세기의 재주꾼, 우리 원숭이 총각!

원숭이가 재주를 보이며 등장하여 인사한다.

단장 다음은 세계 최초이자 세계 유일의 묘기를 보여줄 미남 청년! 삽살개 경구를 소개합니다. 자 경구 이리 나와!

무뚜가 뛰어나와 인사한다. 단장이 무대 뒤켠에 가서 서고 쇼가 시작된다. 음악에 맞춰 추는 3인 舞가 진행된다. 작품 중간에 무뚜가 원숭이와 고양이를 받쳐주는 장면에서 갑자기 관객석에서 무뚜를 부르는 주인의 소리가 들린다.

주인 무뚜야, 무뚜야!

무뚜가 소리 나는 쪽으로 고개를 돌리다가 삼인 피라미드가 무너지면서 원숭이와 고양이가 넘어지고 음악이 끊어진다. 주인이 다시 무뚜를 부르자 무뚜는 본능적으로 주인에게 달려간다. 그러자 이번에는 단장이 경구를 부른다.

단장 경구, 이리와 경구!

무뚜는 무대 쪽으로 고개를 돌린다. 다시 주인의 소리, 단장의 소리가 번갈아 들리는 가운데 악사들이 무뚜의 이러지도 저러지도 못하는 난처한 입장을 노래로 표현한다.

악사 주인님의 반가운 소리에 무뚜 마음 떨리는데
단장님의 엄격한 소리가 경구 발길을 붙드네.

주인 이리와 무뚜!

단장 이리와 경구!

악사 오늘의 무뚜는 오로지 주인님 덕분
당장 달려가 안기고 싶은 마음 뿐.

주인 이리와 무뚜!

단장 이리와 경구!

악사 주인님의 목소리는 기름지고 기운차나

단장님의 목소리는 메말라서 폭폭하다.

주인 이리와 무뚜!

단장 이리와 경구!

악사 무뚜를 사랑하지만 무뚜 없이도 살 수 있는 주인님,

사랑은 없으나 경구 없이는 살 수 없는 단장님.

주인 이리와 무뚜!

단장 이리와 경구!

악사 주인님께 돌아가 편안한 무뚜로 살 것인가,

여기 남아 배고픈 경구로 살 것인가?

주인 이리와 무뚜!

단장 이리와 경구!

악사 만일 무뚜가 지금 곡마단을 떠난다!

그럼 경구는 아름다운 광대가 아니다.

주인 이리와 무뚜!

단장 이리와 경구!

악사 어느 길로 갈 거나?

어떻게 살 거나?

마음은 주인님을 따르고 싶으나

왠지 발길이 말을 듣지 않는구나!

무뚜는 주인 앞으로 가서 큰절을 하고 검돌이에게도 목례를 한 후 물러나 무대로 돌아온다. 다시 음악이 이어지고 무뚜, 고양이, 원숭이는 3인 피라미드를 완성한다. 박수 소리 들리는 가운데 거위 아저씨가 살아 등장하여 4인 舞가 시작된다. 춤이 무르익을 즈음 단장이 '등장 가세' 를 부르며 합류하여 모두 노래하며 무대를 돈다. 주인과 검돌이도 무대로 나와 같이 춤추며 노래한다.

노래 등장 가세. 등장 가세
거들먹거리며 등장 가세
그 무삼 연유로 등장을 가나
젊은 홍안은 늙지를 않고
늙은 노인은 죽지를 않게
등장 가세, 등장 가세
하느님 전으로 등장을 가세.

끝

부록

「사람과 인형을 시작하며」

〈우리나라 우투리〉 연출개념

《우리나라 우투리》의 틀, 소리, 공간

「사람과 인형을 시작하며」

2002년 8월에 공연된 《우리나라 우투리》의 준비작업을 위해 그 해 1월에 '사람과 인형 워크숍'을 가졌다. 이 글은 그 때 워크숍 참가자들을 위해 썼던 글을 수정 보완한 것이다.

돈과 연극

뉴욕에 편지예술가가 살고 있었다고 한다. 이 사람은 편지 쓰는 게 자신의 예술작업이다. 예술이란 남과 의사소통을 하는 것이므로 그는 편지로써 일 대 일로 의사소통을 하기로 한 것이다. 그는 가구라곤 침내 하나뿐인 작은 스튜디오에 살며 소금으로 이를 닦을 정도로 검소한 생활을 했다. 하긴 편지 쓴다고 누가 돈을 주는 게 아니니까 그렇게 살 수밖에 없었으리라. 그런데 이 사람의 편지는 매우 감동적이었던 모양이다. 입에서 입으로 이 사람의 편지 얘기가 오갔고 급기야 매스컴을 타게 되면서 이 사람의 편지가 팔리기 시작했다. 그 후 이 사람은 예전과 같은 편지를 쓸 수 없게 되었다.

연극은 다른 어떤 예술 분야보다도 그 사회의 모든 것을 연극 속에 반영한다. 연극을 만드는 방식조차도 사회 현상과 밀접한 관계를 맺는 우리 사회의 통념과 체제를 거부하는 연극제작 방식을 우리가 선택할 수 있을까? 예컨대 우리 정부는 자본주의의 최첨단 방식인 시장경쟁체제를 모든 분야에 적용하려고 했었다. 그런데 이 방식은 연극의 존재형식과는 너무나 거리가 먼 것이다. 만일 연극이 이 체제에 성공적으로 적응한다면 그 순간 연극은 죽게 된다. 편지예술가처럼.

그렇다면 연극은 오늘날 이 사회 속에서 어떤 방식으로 존재할 수 있을까? 누구도 쉽게 대답할 수 없는 질문이다. 그러나 분명한 것은 유명해지면 안 된다는 것, 그리고 돈이 많이 생기면 안 된다는 것이다. 유명해진다는 것은 대중에게 어필한다는 것이고 이는 즉 돈이 된다는 뜻이다. 돈은 돈이 될 만한 건 가리지 않고 죄다 삼킨다. 돈의 위장은 거대하고 강력해서 그 속으로 들어가면 이놈 저놈 모두 한통속이 되어 버린다. 이것이 무서운 것이다. 그리고 일단 돈이 군침을 흘리기 시작하면 우리는 벌써 스스로 자신을 지킬 힘을 잃게 된다. 그러니 평소 돈의 눈에 띄지 않도록 미리미리 조심해야 한다. 먹고 살려면 돈이 있어야 하고 돈을 좇다보면 연극을 망치고… 그 적정선은 어디일까?

문화독립주의

청량리 기차역 정면으로 상가건물이 한 동 있다. 이 건물은 미국에게 점령되었다. 딱 한 점포, '중앙약국' 간판 하나를 빼고는 모든 간판이 미국서 건너온 상표다. 청량리 같은 외곽 지역이 이 정도니 서울 도심 지역은 말할 나위도 없다. 미제 상표를 붙인 옷을 입고 패스트 푸드와 함께 콜라를 마시는 젊은이들은 무슨 생각을 할까? 이것이 세계화의 결과인가? 우리 몸뚱어리를 제외한 모든 것을 미국이 점령해가고 있다. 영어를 공용어로 하자는 주장도 신문에 실릴 정도로 설득력을 확보하고 있다. 이러다가 몸뚱어리마저도 미제로 변할지 모를 일이다.

지난해 9·11 사태에 대처하는 미국의 태도를 보고 놀란 사람들이 적지 않았다. 사실 미국이 변한 것은 아니다. 지난 세계 미국은 지속적으로 팍스 아메리카나 정책을 추진해왔다. 미국이 전세계를 점령하면 세계 평화가 올까? 절대 그렇지 않다.

> 제국Empire이 바로 우리 눈앞에서 구체화되고 있다. 과거 수십 년에 걸쳐서 식민지 체제가 무너지고 그 다음에 자본주의 세계 시장에 대한 소비에트라는 장벽이 최종적으로 황급히 붕괴한 뒤에, 우리는 저항할 수도 되돌릴 수도 없는 경제적 문화적 교환들의 전지구화globalization를 목격해왔다. 전지구적global 시장 및 전지구적 생산회로와 더불어 전지구적 질서, 새로운 지배 논리와 구조 - 간단히 말해서 새로운 주권 형태 - 가 등장해왔다. 제국은 이러한 전지구적 교환들을 효과적으로 규제하는 정치적 주체, 즉 세계를 통치하는 주권 권력 sovereign power이다. (안토니오 네그리, 마이클 하트, 윤수종 역『제국』, 이학사, 2000. 15면)

국민 국가의 주권은 점차 약해지고 제국의 권력이 급속히 팽창할 때 어떤 문화적 현상이 일어날까?

해방 후 우리나라 정치인들은 대체적으로 문화에 대해 바른 인식을 갖지 못했다. 특히 요즘 와서는 선거철만 되면 모든 후보들이 문화를 키우겠다는 공약을 악세사리처럼 맨 아래쪽에 한 줄 끼워 넣지만 선거 끝나면 끝이다. 역겨운 일이다. 김구 선생께서는 "내가 원하는 우리나라"라는 글을 통해 문화에 대한 강한 의지를 표명하여 많은 문화예술인들이 그 글을 좋아하는데 그것도 사실 잘 생각해보면 비현실적 이념이다.

> 나는 우리나라가 세계에서 가장 아름다운 나라가 되기를 원한다. 가장 부강한 나라가 되기를 원하는 것은 아니다. 내가 침략에 가슴이 아팠으니 내 나라가 남을 침략하는 것을 원치 아니한다. 우리의 부력은 우리의 생활을 풍족히 할 만하고 우리의 강력은 남의 침략을 막을 만하면 족하다. 오직 한없이 가지고 싶은 것은 높은 문화의 힘이다.

그의 생각이 대단히 아름답기는 하나 너무 순진하다. 문화는 부력이나 강력과 별개로 존재하는 것이 아니다. 지난 반세기 동안 외부의 힘에 의해 우리의 주권 권력이 흔들리면서 우리 문화는 계속 갈피를 못 잡고 우왕좌왕 해왔고 그 와중에 정체성을 상실해왔다. 이러한 상황 속에서 어떻게 하면 우리나라가 높은 문화의 힘을 지닐 수 있을까?

문화독립운동이다. 엉뚱한 말 같지만 지난 이천 년 동안 우리 선조들이 한 일이 이것이다. 우니나라가 숱한 외세의 침입 속에서 정체성을 잃지 않고 지금까지 살아 남은 것은 오직 문화의 힘 때문이다. 누가 문화를 지켰는가? 선비들, 학자들, 예술가들… 그 중심에는 왕권이 있었다. 삼국시대 고려조 때도 그렇지만 특히 조선조 학자들은 중국화(세계화)에 역행하지 않으면서 어떻게 우리 것으로 살아남느냐는 문제를 가지고 치열하게 고민하였고 여기에 왕권이 같이 발벗고 나서 주었다. 한글 창제가 그렇고 조선조 음악이 그러하며 수원 화성의 축조가 그러하다. 주권이 허약한 나라일수록 국가가 나서서 문화를 지켜주어야 한다. 우리 선조들은 이 일을 잘 해왔는데 대한민국 역대 정부는 이 점에서 엉망이다.

이미 제국은 우리 문화를 먹고 주권을 먹고 국토를 먹어가고 있다. 이것을 그냥 바라만 보고 있을 것인가? 지금이라도 우리는 문화독립주의를 선포하고 정치, 경제, 외교, 그 어느 분야보다도 문화를 앞세우는 정책을 추진해야 한다. 이것은 생존의 문제이다. 저들이 우리의 모든 것을 앗아가더라도 우리의 정신만은 지켜내야 한다. 그러면 살아남을 수 있다. 따라서 문화만이 살길이다. 문화가 아닌 그 어떤 것도 우리를 제국으로부터 지켜줄 수 없다.

셰익스피어 콤플렉스

베토벤이나 모차르트 같은 작곡자들이 오늘날의 대중들에게도 인기가 많은 이유는 무엇일까? 이들의 곡은 어느 정도 대중적이면서도 그 예술성을 누구도 의심치 않는다. 그러나 요즘 작곡가들의 곡을 들으면 예술적인지는 모르겠지만 분명히 대중적이지는 않다. 이 현상을 어떻게 설명할 수 있을까? 베토벤, 모차르트 이후의 작곡자들이 그들보다 재능이 못한 것일까? 아니면 예술은 늘 무언가 새로운 것을 향해가기 때문에 오늘날의 작곡자들은 대중들의 귀에 선 음악을 만들어내는 것일까? 혹은 이렇게 이분법적으로 설명될 수 없는 그 무엇이 있는 것일까? 그리고 비틀즈나 핑크플로이드 등의 음악은 어떻게 설명되어질까?

좀 다르긴 하지만 비슷한 예를 연극에서도 찾아볼 수 있다. 셰익스피어 이후 그보다 더 뛰어난 작품이 나왔는가? 왜 셰익스피어는 수백 년을 살아남아 아직까지 연극의 바이블처럼 여겨지는가? 예술은 진보하지 않는가? 모든 새로운 것, 개혁적인 연극의 발전을 죄다 흡수해 버리는 셰익스피어의 마력은 어디에 있는 것인가? 셰익스피어 연구가들이 무어라 하건 이것 하나는 분명하다 - 셰익스피어 작품의 발판은 사실성에 있다는 것, 꿈과 환상과 비사실적 설정 위에 쓰여진 작품들조차도 그 상상력의 근거는 사실성에 있다. 그런데 중요한 것은 이 사실성이 인간 중심적 사고에서 비롯된 것이라는 점이다. 모든 것의 중심은 인간의 내부에 있으며 이 중심을 통해 모든 것을 바라보고 그려내는 것이다. 이것이 얘기를 시작할 수 있는 단서가 될 수 있을 것 같다.

그런데 베토벤, 모차르트, 셰익스피어 왜 모두 유럽 사람들일까? 음악, 연극, 미술 등의 분야에서 우리 대중에게 가장 많이 알려진 사람들은 다 서구 사람들이다. 조선조가 끝나면서 서구 문물과 교육이 밀려들어온 탓이겠지만 이제 백 년이 다 되었으니 방향 선회를 할 때도 된 것 같은데… 서구 사람들이 유명해서 배가 아프다는 게 아니라 우리는 아무리 잘 해도 베토벤이나 셰익스피어처럼 할 수 없다는 것이 문제다. 왜냐하면 베토벤이나 셰익스피어는 그들의 역사와 문화풍토 속에서 자기 것을 가지고 작품을 만들었다. 우리는 우리의 역사와 문화풍토가 있으니 그것을 가지고 만들어야 한다. 그래야 그들과 다른 것을 만들어낼 수 있는 것이다. 종족마다 다 자기 고유의 문화적 배경을 지니고 있으며 이렇게 해서 태어난 예술 작품은 서로 다를 뿐 그것들 사이에 우열은 있을 수 없다.

그렇다면 특히 연극과 관련하여 우리가 지니고 있는 문화적 유산은 무엇인가? 우선 놀이성을 떠올릴 수 있다. 보여주고 보는 역할분담의 구조보다는 양자가 한 덩어리가 되어 같이 놀자는 게 우리 연극적 유산의 특성이다. 뿐만 아니라 보여주는 내용 역시 노는 과정일 뿐이다. 모든 것이 놀이라는 구조로 엮이게 된다. '놀다'라는 우리말은 영어의 'play'와는 다른 어떤 특별한 의미를 갖는다. 분명히 우리 민족은 모여 노는 것을 대단히 즐기는 종족이다. 그래서 그런지 우리 민속음악은 대단한 힘을 지니고 있는 것 같다. 지금도 농어촌 어디에든 가서 장구 치며 소리 한 자락 하면 동네 사람들이 같이 놀자고 꾸역꾸역 모여드는 걸 볼 수 있다. 우리 민속음악은 이런 놀이 전통 속에서 발달한 것이 아닌가 여겨진다. 민속음악뿐이 아니라 정악 또한 대단한 음악적 형식미를 갖추고 있는데 이것은 다른 연유에서 그러한 것이라고 알고 있다. 어찌되었건 음악적 유산이야말로 우리의 보물창고임이 틀림없다.

그러나 놀이와 음악만으로 연극이 되지는 않는다. 소위 이야기가 들어가야 하는데 우리 이야기 구조의 특징은 확산적이며 부정형적이다. 탈놀이나 꼭두각시놀음의 구조를 보더라도 이야기가 어디로 튈지 모르고 앞뒤가 맞지 않는 경우도 있다. 그러나 전체를 놓고 보면 삶에 대한 깊은 통찰력을 감지케 하는데, 이것이 인간 내부에 중심점을 둔 플롯 위주의 서구 연극이 지닌 집중성과는 사뭇 다른 면이다. 우리는 인간을 둘러싸고 있는 환경, 즉 자연 또는 우주에 그 중심을 두고 있는 것이다. 우리의 연극적 전통은 서구 연극처럼 인간 중심의 분석적 특성은 배제되고 우주의 통합적 생리 작용에 그 흐름을 맡긴 데서 비롯된 것이다. 우리의 전통 연희들이 춤과 음악과 이야기가 같이 어우러져 하나의 볼거리를 만들어내게 되는 것도 바로 이러한 통합성에서 연유한다고 보여진다.

우리는 지금 전통을 재현하자는 것이 아니라 그것을 바탕으로 새로운 연극을 만들자는 데 목표를 두고 있다. 바로 이 지점에 커다란 함정이 있다. 우리 연극 전통의 특성을 파악했다한들, 심지어 전통 그 자체를 액면 그대로 연극 무대에 올려놓을 때조차도 서구식 교육이 우리 뇌 속에 심어준 인간 중심의 분석적 사고와 집중성의 틀에 갇히게 된다는 점이다. 따라서 우리 교육체계나 문화환경에서 벗어나 전혀 새로운 사고, 새로운 상상력, 새로운 감수성에 근거한 새로운 시작이 필요하다.

서구 연극은 우리에게 하나의 참고자료일 뿐 비교 대상이 되어서는 안 된다. 대단히 어려운 일이다. 그러나 누군가가 해야 할 일이고 하루 빨리 시작해야 한다. 그러지 않으면 우리 연극의 셰익스피어 콤플렉스는 영영 사라지지 않을 것이다.

너무 먼 아리스토텔레스

지난 이천여 년 동안 많은 혁명가들과 개혁자들에 의해 유럽의 연극은 스스로의 관습을 깨며 자라왔다. 그러나 구미 연극은 아직도 아리스토텔레스적 극 구성에서 벗어나지 못하고 있다. 특히 20세기 후반부터 많은 극작가, 연출가들이 아리스토텔레스의 독재 체제에 염증을 느끼며 이로부터 해방되기 위한 노력을 기울여왔다. 그들은 동양 쪽에서 해법을 찾기도 하고, 무대와 관객과의 관계 변화를 시도하기도 하고, 총체극, 메타 연극, 비언어 연극 등 여러 가지 실험을 하였으나 유럽연극의 틀 자체를 흔드는 데는 실패했다. 이것이 잘못되었다는 것이 아니다. 오히려 그들은 아무리 흔들어도 무너지지 않는 튼튼한 연극 체계를 지니고 있다고 보아야 할 것이다.

우리는 어떠한가? 우리가 보통 '연극' 이라고 할 때 그것은 유럽에서 시작된 연극 형식을 뜻하는 것이다. 한국에서 시작한 지 채 백 년이 안 되는 이 예술 양식은 그동안 엄청난 속도로 성장해 왔다. 내가 지켜본 1970년대부터 지금까지의 연극의 변화만 보더라도 우리 민족은 참 대단한 종족이라는 생각이 든다. 유럽 사람들이 2500년의 시간에 거쳐 만든 예술 양식을 100년도 안 되는 시간을 가지고 얼추 비슷하게 만들어 내니까. 그런데 문제는 바로 여기에 있다. 얼추 비슷하게 만든다는 것.

그래서는 곤란하다. 서구 미학이 추구하는 정교함과 치밀함을 해결하지 못하는 것. 이것이 문제인 것이다.

또 한 가지는 우리 연극의 지향점이 어디였냐는 점이다. 그동안 우리는 유럽의 근대를 따라 잡으려고 애써 왔다. 그 결과 우리 연극의 근대화는 성공했다고 보여진다. 그런데 근대화에 성공했다고 해서 되는 것이 아니지 않은가? 우리가 겨우 유럽의 근대를 극복하고 나니까 저들은 이미 다른 곳에 가 있다. 언젠가 우리가 저들의 현대를 극복하면 저들은 또 저만치 앞서가고 있을 터인데 언제까지 남의 뒷모습만 바라보며 헐떡거리고 뛸 것인가? 요즈음 서구의 신진 극작가들은 아리스토텔레스의 틀을 묘하게 비튼 새로운 작품들을 생산하고 있다. 이것은 아리스토텔레스가 굳건히 버티고 있기 때문에 가능한 일이다. 우리 극작가들은 당분간 죽었다 깨어나도 그런 작품을 못 쓴다. 왜냐하면 우리에겐 아리스토텔레스가 너무 멀리 있으니까.

그러면 어떻게 할 것인가? 어떻게 하면 우리 연극도 유럽의 여러 나라들처럼 브로드웨이 뮤지컬이나 난장판 쇼가 아닌 정극을 가지고 관객들의 갈채를 받으며 남부럽지 않게 살 수 있을까? 물론 그것은 연극만의 변신으로 가능한 일은 아니다. 사회적 환경, 재정적 지원, 관객의 성숙도 등 여러 가지 변화가 있어야 하겠지만 우선 연극이 변해야 한다. 남의 것을 따라 할 일이 아니라 우리가 잘 할 수 있는 것, 우리에게 잘 맞는 것을 찾아야 한다. 번역극이 주종을 이루던 70년대, 연우무대라는 신생극단이 창작극만을 하겠다고 선언했을 때 당시의 많은 기성 연극인들이 '미친놈들' 이라며 코웃음 쳤다. 그러나 요즈음은 어떤가? 대부분의 관객들이 창작극을 선호한다. 왜? 우리한테 맞으니까. 이렇게 세상은 변하는 것이다. 이제는 내용뿐이 아니라 형식 자체도 우리에게 맞는 것을 찾아 나서야 할 때다.

시학과 악기(樂記)

우리에게 맞는 연극 형식은 무엇일까? 결론부터 얘기하자면 그런 형식은 존재하지 않는다. 이제부터 만들어가야 한다. 그동안, 특히 80년대 이후 지금까지 많은 작가, 연출가들이 우리전통을 연극에 접목하는 작업에 힘을 기울여왔다. 그리고 그 작업들은 어느 정도 성과를 거둔 것으로 보여진다. 그런데 문제는 지속성이다. 한 작업이 다음 작업의 밑거름이 되어서 더 큰 성과를 거두고 그 성과들이 뿌리를 내리는 상황에 미치지 못했다. 이렇게 전통의 현대화 작업이 일회성에 그치게 된 이유는 그 작업들이 작가나 연출가 개인의 작업이었을 뿐, 하나의 연극운동으로 발전하지 못했기 때문이다. 왜 그런가? 그것은 그들의 작업을 담아줄 그릇이 없었기 때문이다.

하나의 예술 형식이 존재하기 위해서는 그 형식을 지탱해 줄 철학이 필요하다. 유럽에는 사학이 있다. 우리에겐 무엇이 있나? 이를 찾기 위해서는 우리 전통 예술의 근원을 찾아야하는데 그것은 역시 '악(樂)'이라는 사상이다.

> 대체로 음(音)이 일어나는 것은 모두 사람의 마음이 물(物)에 감응하여 생기는 것이다. 사람의 마음이 물(物)에 감응하면 움직여 소리(聲)가 되고 소리가 서로 응하여 변화가 생긴다. 소리가 방(方: 미적 형식)을 이룬 것을 음(音)이라 하고, 음을 배열하여 악기로 연주하고, 간척과 우모로 춤을 추는 것을 악(樂)이라고 한다. (禮記, 樂記편 중에서)

악기(樂記)의 이 첫 대목이 바로 동양 예술의 핵심이라고 보아야 할 것이다. 시와 음악과 춤이 모여 악(樂)이 되는 것이니 악(樂)은 바로 서양말로 하면 연극이다.

그런데 악(樂)과 연극은 그 내용에 있어 판이하다.

> 선왕이 예악을 제정함은 입과 배와 귀와 눈의 욕구를 극진히 하라는 것이 아니라 이것(禮樂)을 가지고 백성으로 하여금 호오(好惡)를 공평하게 하여 인도(人道)의 바른 곳으로 돌아가게 하려는 것이다. (윗 글)

'왜 예술을 하는가?' 의 문제를 떠올리게 하는 대목이다. 즉 예술 행위의 목표는 사람이 함께 잘 살기 위함이지 있는 사람의 몸을 즐겁게 하기 위함이 아니라는 것이다. 서구 예술이 추구하는 것이 심미적 탐닉이라면 악(樂)이 추구하는 바는 인간적 완성이다.

악(樂)은 천지인(天地人)과 음양오행, 오방(五方)과 팔풍(八風)의 철학을 정교하게 짜 맞춘 미학적 체계를 이루고 있다. 이것은 중국 문화권에서 매우 중요한 정치 사상이며 아울러 거대한 미학 체계이다. 악(樂)의 사상은 중국뿐 아니라 일본과 우리나라 예술에 매우 큰 영향을 미쳤다. 이 미학적 체계가 중국이나 일본보다도 우리 전통음악에 가장 잘 보존되어 있다는 것은 매우 재미있는 현상이다. 뿐만 아니라 우리 전통 연희에도 악(樂)의 개념이 아주 잘 반영되어 있다. 그런데 악(樂)의 미학을 아리스토텔레스의 시학과 바로 견주는 것은 적절치 않다. 왜냐하면 이 둘은 근본적으로 같이 비교할 수 없는 다른 체계이기 때문이다. 그러나 글의 목적 상 억지로라도 악(樂)과 연극의 미학적 차이점을 잠시 찾아보고자 한다.

예컨대 아리스토텔레스는 시학에서 비극은 플롯, 인물, 언어, 사상, 노래, 볼거리의 여섯 가지 요소로 구성되며 그 순서대로 중요하다고 했다. 그래서 서구 연극은 정교한 플롯을 지니게 되었고 심리적 변화를 겪는 입체적 인물들이 등장한다. 인물들은 각자 독특한 사고 체계를 지니고 있으며 그들의 언어는 논리적이다. 노래나 볼거리는 플롯이나 인물에 비해 중요하지 않다. 심지어는 없어도 된다.

그러나 우리의 전통 연희는 이와는 반대이다. 탈춤이나 꼭두각시놀음을 보면 플롯이 매우 느슨하다. 몇 개의 마당이 비유기적으로 짜여져 있어 경우에 따라서 한 두 거리 건너뛰어도 아무 지장이 없다. 인물들도 평면적이고 양식화되어 있다. 진실을 밝혀내고 이를 통해 깨달음을 얻는 서구 연극의 전형적 비극의 주인공을 만들어내는 것은 우리의 놀이 구조에서는 불가능하다. 반면 아리스토텔레스가 가장 덜 중요하다고 규정한 '노래'와 '볼거리'가 우리 놀이판을 꾸며간다. 탈춤의 경우 각 마당은 춤의 변화로 구분되며 극의 상황은 노래를 통해 전개된다. 이는 앞서 소개한 악(樂)의 개념과 일치하는 바다.

간단히 한 예만 들어보았지만 이처럼 서구의 연극과 우리의 전통 연희는 근원적으로 다르다. 그런데 그동안 우리는 이 차이를 인식하지 못한 채, 혹은 인식했으나 어쩔 도리가 없어 서구 연극의 그릇 안에 우리 연희 전통을 담으려 했던 것이다. 문제는 여기 있다고 본다. 그렇다고 해서 탈춤 안에 오늘의 삶을 담아낼 수도 없고… 그래서 새 그릇이 필요한 것이다. 예술의 내용은 형식을 창조하고 형식은 내용을 규정한다. 연극의 새 그릇을 만들고 그 그릇에 무엇을 어떻게 담아낼까를 고민해야 한다. 이것은 연극의 생존의 문제이다. 이 작업을 하지 못하면 우리 연극은 곧 죽는다.

새 연극

1996년 연극원에서 《꼭두각시놀음》 공연이 있었다. 남사당패의 인형놀이였던 꼭두각시놀음을 각색해서 배우들이 인형의 흉내를 내도록 한 공연이었다. 배우가 인형의 흉내를 냄으로써 연기 폭이 제한된다고 생각하기 쉽지만 실제로는 표현이 확장된다. 특히 자유롭게 비사실적인 표현을 하게 되므로 사실적 연기에서 찾아볼 수 없는 많은 표현들이 가능했다. 연기뿐이 아니라 무대, 의상, 소품, 분장 모든 분야에서 자유로운 상상력이 발휘되었다. 자유로운 상상력! 이것이야말로 연극을 하는 사람이 갈망하는 최고의 덕목이 아닐까?

공연을 하면서 또 한 가지 느꼈던 것은 마치 늘 입던 옷을 입고 있듯이 편안하다는 점이었다. 그 이유는 아마도 순수한 우리 것을 우리 식으로 하되 현대 관객에게 익숙한 틀에 담았기 때문이라고 생각한다. 만든 사람이 편안하고 하는 사람이 편안하니까 당연히 보는 사람도 편안하다. 브라티스라바 공연 시 우리 전통에 익숙치 않은 유럽 사람들이 열광적 박수를 보내준 것도 바로 그러한 이유 때문이라고 여겨졌다.

그 사람들이 대사를 못 알아들으면서도 연극 내용을 파악할 수 있었던 것이 바로 꼭두각시 놀의의 특징이며 우리 놀이 전통의 장점이라고 생각한다. 이 대본은 특별한 주제없이 몇 개의 토막난 장면들이 얼기설기 엮여 있는데 그러면서도 전체를 보면 무언가 전달되는 감동이 있다. 인생유전이라고 할까, 삶의 불확실성에 대한 묘한 울림이라고 할까? 그것은 아마도 일상적 삶과 의식(儀式)이라는 만국공통어가 극을 끌고 가기 때문일 것이다. 어리석은 영감, 삼각관계, 처첩 간의 갈등, 타락한 중, 관리의 횡포, 외적의 침입, 비문명적 인물의 활약, 장례 행렬 등. 이것은 사람 사는 어디에나 쉽게 만나는 장면들 아닌가?

그러나 이 공연이 가지고 있는 한계도 만만치 않았다. 우선 배우가 인형의 흉내를 낸다는 것이 근본적인 한계다. 배우의 신체는 높이 뛰거나 날 수 없다는 것. 그리고 우리 신체의 관절이 가진 한계. 이런 것들은 아무리 연습을 해도 극복되지 않는 것이다. 물론 예술적 표현은 매체가 지닌 한계에서 생겨난다지만 때로는 좀더 많은 표현 영역을 확보하고 싶은 것이 예술가의 욕망이기도 하다. 또한 야외공연이 지닌 한계점도 알게 되었다. 우리나라 기후는 일 년에 길어야 두 달, 그 이상은 야외공연이 불가능하다. 그 두 달도 언제 비가 안 오는지 절대 미리 알 수 없다. 마지막으로 늘 꼭두각시놀음만 하고 있을 수는 없다는 점이다.

이제는 극장 안에서 이런 형식의, 혹은 여기서 발전된 새로운 공연물이 나와야 한다. 악(樂) 가(哥) 무(舞)가 한데 어우러진, 그러면서 현대인의 일상적 삶의 문제를 담아낼 수 있는 연극 형식이 필요하다. 2002년에 공연된 《우리나라 우투리》는 그런 의미에서의 새로운 실험이며 시작이었다. 모든 대사를 우리 장단의 틀 속에 넣었으며 움직임은 전통무예 기천문의 동작에서 가져왔다. 배우의 정서는 희(喜), 노(怒), 애(哀), 락(樂), 애(愛), 오(惡), 증(憎)을 둥글게 배치하고 그 내부는 일상의 상태, 그 바깥을 환각의 상태, 더 바깥을 죽음의 상태로 설정했다. 악기의 편성도 일상, 환각, 죽음의 상태에 따라 달리했다. 이런 것들이 배우들에게 일종의 제약으로 작용했지만 재미있는 것은 배우가 일단 이 규범을 몸으로 익히고 나면 대단히 자유로워진다는 점이다. 나는 이 작업을 통해 사실적 무대에서는 생각조차 할 수 없는 새로운 시도들이 배우의 몸을 통해 실현되는 무한한 가능성을 보았다.

이제 사실성에 기반을 둔 연극이 표현할 수 없는 새롭고 다양한 무대들이 마구 생겨났으면 좋겠다. 사실성으로부터의 해방! 이것이 우리를 구원할 것이다. 상상력이 사실성의 감옥을 깨고 나와 넓은 세상을 제멋대로 휘젓고 다니며 마음껏 숨쉴 수 있어야 연극이 발전한다. 이런 환경 속에서 우리 연극은 우리에게 어울리는, 우리가 제일 잘할 수 있는 새로운 형식을 찾아가야 한다. 물론 이것이 시작이고 언제 끝날지 혹은 영영 끝이 안 날 수도 있다. 하지만 우리가 하지 않으면 언젠가 누군가가 해야 할 일이다. 오늘 우리 연극이 필요로 하는 것은 고통의 가시밭길을 걸어가는 희생정신, 그리고 헝그리 정신이다. 우리 연극의 새 시대는 우리들의 희생이 거름이 되어 새롭게 피어날 것이다.

미래의 연극을 위하여, '새 연극' 을 위하여!

《우리나라 우투리》 연출개념

《우리나라 우투리》는 2001년 12월 「사람과 인형」이라는 주제로 가진 워크숍에서 출발해서 2002년 8월의 초연(예술의전당 자유소극장), 9월의 대만 공연 및 전주, 수원 등의 지방 공연 등을 거쳐 2004년 파리 태양극장의 공연까지 10여 차례 이상 수정을 거듭하면서 공연되었다. 중국의 경극이나 일본의 노(能), 가부끼와 같이 악가무(樂歌舞)가 일정한 형식의 틀 안에서 어우러지는 새로운 한국적 연극형식의 양식화를 목표로 시작한 《우리나라 우투리》는 2년 동안의 공연과 연습을 통해서 이제 가고자 하는 곳의 약도와 나침반을 손에 쥐게 되었다.

우리만의 새로운 연극 양식을 찾되 양식화가 가져올 수 있는 창의성의 위축을 어떻게 극복할 것인가 하는 고민을 안고 작업이 진행되었으나 결국은 양식화가 표현의 '제약'이 아닌 '확장'을 가져온다는 확신을 갖게 되었으며 우리말이 가진 음악성을 가장 잘 표현할 수 있는 새로운 화술의 개발을 목표로 시도한 소위 〈우투리〉식 '말붙임'은 하나의 독특한 화술로서 자리를 잡아가게 되었다. 또한 아리스토텔레스 식의 논리적인 드라마 구조가 아닌 열린 드라마 구조의 창조적 해석의 가능성을 배우들과의 작업을 통해 확인할 수 있었다. 「새로운 연극 형식을 만들면서 그 연극 형식이 바로 그 안에 참여하는 예술가들의 창조성을 풀어 놓을 수 있는 열린 구조를 지향」할 것이라는 출발선에서의 목표이자 고민이 어느 정도 현실적으로 이루어졌다고 할 수 있다.

《우리나라 우투리》의 세계관

《우리나라 우투리》에 나타난 세계는 크게 세 가지로 구분된다. 하나는 현실이고, 다른 하나는 환상 그리고 나머지는 타계이다. 삶의 일상적 감정 상태는 희로애락의 네트워크 속 어느 지점에 위치한다. 희, 노, 애, 락 어느 것도 아닌 상태를「中」이라 한다. 중은 무이고, 공이고, 性이다. 즉, 아직 감정이 발현되지 않은 중립적 상태를 의미한다. 현실, 즉 일상의 상태를 벗어나는 감정의 상태를 탈이라 명명하였다. 脫은 喜怒哀樂愛惡慾의 七情으로는 설명되어질 수 없는 그 경계 너머에 있다. 그래서 脫은 즉 환상(幻像)이다. 여기까지가 인간이 살면서 경험할 수 있는 삶의 상태라 할 수 있겠다. 이 환상의 상태까지를 벗어나면 그것은 인간 세상이 아닌 다른 세계 즉, 타계(他界)인 것이다.

각 상태는 실선으로 막힌 닫힌 경계가 아니고 서로 넘나들 수 있는 열린 경계이다. 우리는 이 열린 경계의 가능성에 주목한다. 이러한 경계를 넘나드는 과정이 예술적 관심의 중요한 대상인 동시에 무대예술적 표현의 목표이자 동기이기 때문이다.

《우리나라 우투리》는 이러한 세계관을 전제로 진행된다. 연기자의 양식적 표현은 이러한 세계관의 연극적 표현임과 동시에 무대의 구체적인 요소들 예컨대, 움직임이나 말붙임, 음악의 사용, 공간의 구성에도 반영되도록 하였다.

음악 (樂記)

〈禮記〉의 '악기' 편은 樂이 철학사상을 흡수하여 재정립되는 과정을 소개하고 있다. 여기서 樂은 단순히 오늘날의 음악을 이야기하는 협소한 개념이 아니라 움직임과 소리와 사상이 어우러진 총체적 결과물을 일컫는 말이며 사회적 현상이나 시대적 윤리관을 반영하고 혹은 이를 이끌어가는 예술형식을 뜻한다.

'악기(樂記)' 편을 보면 희로애락(喜怒哀樂)의 감정을 느끼는 자의 소리에 대해서 그 성격을 설명하고 있다. 희는 소리가 높게 올라가서 빠르고 차분하지 못하며 흩어지면서 윤택이 있는 음란한 소리이고 노는 거칠고 격심하고 사납고 격렬한 소리로 사람들을 강직하고 굳세게 만들며 애는 목이 쉰 듯한 낮고 약한 소리로 급하고 가늘고 움츠러지는 작은 소리이고 락은 풍부하고 크고 느린 소리로 느슨하고 부드럽고 완만하고 평온한 아름다운 소리라고 정의한다. 〈우투리〉의 음악은 희로애락을 상징하는 멜로디의 기본 패턴을 만들고 위의 개념에 근거한 주제의 반복과 변주를 통해서 장면의 의미, 상태와 분위기를 전달한다.

악기의 편성 역시 '악기' 편에 나타난 소리의 성격에 따라 그 구성의 기본을 삼았다.

> 종성(鐘聲)은 건강하고 맑은 소리를 내니, 그 소리는 호령을 일으키고, 호령은 기(氣)를 일으키고, 충만한 기는 무용(武勇)을 일으킨다. 돌소리는 가볍고 맑으니, 그 소리는 변별을 일으키고, 변별함으

> 로써 목숨을 바치게 된다. 사성(絲聲)은 슬프니, 슬픈 소리는 청렴한 마음을 일으키고, 청렴한 마음은 뜻을 일으킨다. 대나무 소리는 넘치니, 넘치는 것은 모으는 것을 일으키고, 모으는 것은 무리를 모으는 것이다. 북소리는 크니, 큰 소리는 움직이는 것을 일으키고, 움직이는 것은 무리를 나아가게 하는 것이다. (《예기》 악기편)

〈우투리〉가 바라보는 세계관에 입각해서 각 장면의 성격에 따라 쇳소리, 돌소리, 현소리, 가죽소리, 나무 두드리는 소리 등이 중심이 되거나 주변 소리로 물러나게 된다. 일반적으로는 현실의 상태에서는 가죽소리가 중심이 되고 쇳소리는 보조적인 역할을 담당한다. 북, 장구, 선율악기 중심의 편성을 하는 것이다. 환상의 상태에서는 쇳소리가 중심이 되고 가죽소리는 반대로 보조적인 역할을 담당한다. 바라, 무종, 정주, 꽹과리가 사용되면 가급적이면 한 악기가 중심이 되어 사용된다. 타계의 상태를 표현할 경우에는 쇳소리로만 구성한다.

움직임 - 양주별산대

배우들의 몸짓 역시 96년도에 초연한 〈꼭두각시놀음〉의 연장선 상에서 접근한다. 당시 움직임 창조의 가장 기본적인 개념은 '사람이 인형의 움직임을 모방한다' 는 것이었다. 인형은 말 그대로 사람(人)의 형태(形)로서 사람의 생김새를 모방한 물질이다. 물론, 단지 사람의 형태만이 아니라 동물 또는 다른 것들을 모방한 물질까지 포괄하는 넓은 의미로 사용되고 있다. 우리가 흔히 보는 인형극의 인형은 기본적으로 인형이 사람 또는 다른 것의 움직임을 모방한다. 당시의 〈꼭두각시놀음〉은 남사당패의 [꼭두각시놀음]을 인형이 아닌 사람이 인형의 움직임을 모방하여 공연되었다. 남사당 [꼭두각시놀음]의 인형들이 워낙 단순한 움직임밖에 가지고 있지 않았기 때문에 처음에는 배우들의 표현이 매우 제한적일 것이라고 생각했지만 리허설이 진행되면서 오히려 엄청난 표현의 확장을 가져오는 재미있는 경험을 하게 되었다. 하지만 전체를 관통하는 움직임의 통일성 부족에서 오는 산만함이 아쉬운 점으로 지적되었다.

그래서 《우리나라 우투리》의 초연 때는 같은 개념에서 접근하되, 움직임의 기본 재료를 설정하였다. 움직임 창조의 기본개념은 기천문이라는 우리나라 전통무예였다. 기천문의 움직임은 '역근'의 원리로 되어있는데 이러한 원리는 정적인 가운데 역동성을 표현할 수 있는 장점이 있는 반면에 무술이라는 태생적 한계에서 오는 공격적인 성격과 방어적인 성격 때문에 적절하지 못한 면도 있었다. 그래서 다음 〈우투리〉 공연에서는 한국의 대표적인 전통 연희양식인 '양주별산대놀이'에 나오는 인물들의 동작들을 움직임의 기본원리로 삼았다.

특별히 양주별산대놀이를 움직임의 기본동작으로 삼은 이유는 다른 연희양식-예컨대 봉산탈춤이나 송파산대, 고성오광대 등-의 움직임이 이미 많이 추상화되어 있는 반면에 양주별산대의 움직임은 일상적 움직임의 요소를 아직까지는 많이 갖고 있기 때문이다.

이미 충분히 양식화가 진행된 움직임을 〈우투리〉의 기본동작으로 삼았을 경우에 나타났던 여러 문제들, 가령 이미 비사실적 움직임이 재료로서 이용되었을 때 따라오는 표현의 애매모호함, 무술이라는 것이 인간 사이의 정서적 관계나 이야기 구조 속에서 움직이는 것이 아니기 때문에 표현의 메뉴가 다양하지 못한 점 등이 기천문이 갖고 있는 많은 장점에도 불구하고 아쉬운 점으로 생각된다.

양주별산대놀이의 움직임으로 이러한 아쉬운 점들이 많이 해소될 것으로 보인다. 앞에서 이야기 했듯이 비교적 일상적 움직임을 아직 꽤 담고 있기 때문에 사위 하나하나가 어떠한 관계나 이야기 속에서 의미를 갖고 있다. 그리고 같은 동작이라도 연희자나 배우의 느낌에 따라 전혀 다른 표현을 할 수 있는 중성적(neutral) 동작들도 많이 갖고 있다.

움직임의 구성 역시 음악 편성개념과 마찬가지로 각 등장인물 그리고 상황마다 희로애락의 패턴을 창조하여 그것의 변형과 응용을 통해서 장면을 구성해 나가기로 한다.

대사 장단과 화술

우리 말이 가지고 있는 음악성을 제대로 표현할 수 있는 새로운 화술을 개발하는 것이 《우리나라 우투리》공연이 추구해온 초연 때부터의 일관된 목표이다. 〈우투리〉의 모든 대사는 각 장면에 설정된 장단에 맞추어 음악적으로 표현한다. 장단 선택의 원칙은 각 장면의 분위기와 내용을 적절하게 전달할 수 있는 장단을 선택한다. 예를 들면, 긴장감과 공포감을 조성해야 하는 장면에서는 동살풀이 장단을 응용한다거나 흥겨운 분위기를 표현해야 하는 장면에서는 자진모리 장단에 대사를 맞춘다거나 지리산 옮기는 노동에 지친 백성들의 장면에서는 늦은 중모리 장단을 선택한다. 각 장면에 맞는 장단을 선택하면서도 전체 연극의 음악적 구성 역시 함께 고려하였다.

배우들의 소리는 앞에 설명한 「악기 편」의 희로애락이 가지는 소리의 성격을 최대한 고려한다. 소리의 길고 짧음, 높고 낮음, 크고 작음,

맑고 탁함 등을 고려하되 우리말이 되게끔 하는 작업은 생각처럼 쉽지만은 않았다.

이번 공연에서 역시 주로 경기도 지방의 사투리를 사용하게 된다. 전라 민요에 비해 맑고 깨끗하고 경쾌한 느낌을 주는 경기지방의 음악과 언어는 이번 공연의 내용이나 정서와 일치하는 면이 있다. 그리고 많은 공연이나 판소리 등을 통해 잘 알려진 전라도 토리나 경상도 토리보다는 표준어라는 미명 하에 깎이고 잘려나가 밋밋해진 경기도 토리를 무대 위의 '살아 있는 언어' 로 되살리려는 의도가 이번 공연에 담겨 있다. 배우들은 양주별산대놀이의 과장을 전수받으면서 경기도 토리를 훈련하였으며 이러한 훈련의 결과를 가지고 대본의 언어들을 수정하기도 하였다. [죽었다]를 [식은 방귀 뀌었다]로 결말을 쓴다든가, 상대자를 부를 때 [네미할 놈아], [못생긴 놈아] 등의 의격언을 쓴다든가 하는 경기 지방 특유의 언어사용을 통해 지난 공연에 비해 말의 부피가 훨씬 풍부해지고 경기도 말의 정서가 전반적으로 묻어나게 되었다.

희곡 의식(儀式)과 놀이 그리고 이야기

《우리나라 우투리》는 의식(儀式)이자 놀이(play)이다. 연극의 역사는 의식이나 놀이에서 시작되어 점차 이야기성을 강조하는 방향으로 무게중심이 기울어왔다. 그러나 《우리나라 우투리》작업에서는 우리 연극의 틀을 만들기 위해서 가능하면 그 원형성을 확보하는 데 그 초점을 두었으며 따라서 잊혀져 가는 의식과 놀이를 적극적으로 끌어 안기로 하였다.

벽사(辟事)의식, 탄생(誕生)의식, 효수(梟首)의식, 혼례(婚禮)의식, 무속(巫俗)의식, 장례(葬禮)의식 등의 의식은 '우투리설화' 라는 이야기의 끈으로 연결된다. 그리고 이 이야기는 [풀각시놀이]라는 '놀이'의 시공간으로 감싸 안아진다.

이러한 겹구조는 의식(儀式)이자 놀이로서의 연극과 연극 속의 의식과 놀이가 뫼비우스의 띠처럼 표면과 이면의 구분없이 만나게 되는 것이다.

맺는 글

《우리나라 우투리》를 통해서 우리 연극의 양식화 작업이 시작되었다. 언제나 공연을 하고 나면 아쉬움이 남기 마련이다. 지나간 공연에서 개념적으로 충분히 정리되지 않은 부분도 있었고, 개념만 있지 실현되지 못한 부분도 있었다. 아마 《우리나라 우투리》공연이 끊임없이 계속 된다고 해도 마찬가지일 수 있다. 뿐만 아니라 오늘날의 공연은 관객을 염두에 두지 않고 무턱대고 잘 놀기만 해서도 안될 것이고, 양식화 역시 관객과의 의사소통이라는 전제 위에서의 양식화가 되어야 할 것이다. 계속되는 공연을 통해서 아쉬웠던 점들을 보완하고 새로운 개념이나 표현양식을 열린 자세로 받아들이면서 지속적으로 정리하고 발전시키는 과제는 앞으로 진행될 공연이나 다른 작업에서도 마찬가지일 것이다.

다양한 새로운 레퍼토리를 개발하고, 공연의 제 요소에 대한 개념을 정리해 나가는 것은 물론이고, 이러한 공연양식을 위한 배우 훈련프로그램, 그리고 동양의 예술철학에 대한 끊임없는 연구와 실험 등이 지금까지 작업을 진행하면서 우리에게 과제로 다가왔다.

새로운 양식을 창조해 낸다는 것은 어느 개인의 노력만으로 가능한 것이 아니다. 그리고 짧은 시간에 해낼 수 있는 것도 아니다. '우리의 전통이 살아 숨쉬면서도 우리의 동시대 관객들과 자연스럽게 호흡할 수 있는 새로운 양식의 창조'라는 큰 목표를 위해서 우리들은 끊임없이 노력할 것이다.

정리: 변정주(조연출)

《우리나라 우투리》의 틀, 소리, 공간

드라마터그 마정화

《우리나라 우투리》는 한국 연극의 틀에 대한 고민이다. 어떤 틀을 완성한다기보다는 한국적 원형이 살아 있는 틀을 찾고 만들어가는 긴 작업의 첫 걸음이라고 생각한다. 그 틀은 앞으로 좀더 치밀한 연구와 책임감 있는 비평을 필요로 한다. 그러한 작업의 시작으로 《우리나라 우투리》는 이러한 방향으로 걸음을 떼었다.

1. 〈꼭두각시 놀음〉와 우투리의 구조

《우리나라 우투리》는 인형극 〈꼭두각시 놀음〉의 극 구조를 좀 더 확장해서 벌이는 이야기 판이라고도 할 수 있다. 〈꼭두각시 놀음〉이 가지는 매력은 서로 달라 보이는 이야기들이 각각의 독립된 마당을 구성하고 그 유기성이 열린 결말을 유도해 낸다는 것이다. 말하자면, 일상의 인물이 사건의 인과적인 연결에 따라 어떤 결론에 다다르는 완결된 구조가 아니라 아주 전형적인 인물이 일상적인 사건의 병렬적 연결을 마치 유람하듯이 지나가면서 아무 인과관계가 없어 보이는 열린 마무리로 흘러 가는 것이 〈꼭두각시 놀음〉의 구조적 특징이라고 할 수 있다.

사건과 대사의 반복, 인물 간의 익숙하고 희극적인 관계들은 논리성이 지배하는 글로 묶여버리기 전의 이야기가 가지는 산만함과 즉흥성의 장점을 고스란히 가지고 있다.

《우리나라 우투리》에서는 〈꼭두각시 놀음〉의 열린 구조를 틀로 해서 이미 서구적으로 정리 되어버린 설화를 어떻게 다시 원래 틀로 되돌릴 수 있는지를 실험하고 있다. 병렬적으로 사건이 이어지는 〈꼭두각시 놀음〉의 이야기 구조 안에서 이미 이야기의 인과관계가 분명하게 생겨버린 아기장수 설화, 〈우투리 이야기〉는 끊어질 듯 이어지면서 전개해 나간다. 우투리는 어떤 뛰어난 개인에 대한 이야기가 아니라 꼭두각시 놀음의 인물들과 어우러져 다시 자리매김한다. 〈꼭두각시 놀음〉의 이야기 구조 안으로 들어오면서 〈우투리 설화〉는 채록된 설화가 가졌던 거리성과 막연함을 버리고 직접적이고 계속 움직일 수 있는 지금의 열린 이야기가 될 수 있는 것이다. 그러면서 〈아기장수 설화〉가 가지는 막연한 비극성은 〈꼭두각시 놀음〉이 갖고 있는 해학성 안에서 더욱 강렬하고 직접적으로 와 닿거나 또는 전혀 다른 희망의 뿌리를 만들어 낸다. 우투리와 허생원, 그리고 우틀어멈과의 연결은 단지 우투리가 하늘에서 내려온 별개의 구원자가 아니라 우리가 익히 알고 웃었던 소소한 인물들이 빚어낸 염원이자 결과라는 것을 보여주고, 이성계에게 시달리는 민초들이 지리산을 옮기면서 느끼는 일상은 허생원과 박첨지의 반복적이고 일상적인 대사 속에 녹아 들어가면서 더욱 직접적으로 다가온다.

그러나 이러한 예들은 〈꼭두각시 놀음〉을 피상적으로 이해했을 때 들 수 있는 예일 뿐이다. 〈꼭두각시 놀음〉의 박첨지나 또는 《우리나라 우투리》의 박첨지, 허생원이 무대에서 궁금해 하고 알고 싶어하는 것들은 그들이 가진 다른 극적 욕망만큼이나 솔직하고 직접적으로 표현된다. 계속해서 반복되어지는 질문과 "바로 물어"라는 악사의 대답이 바로 극의 이야기를 타고 흐른다. 글로 정리되지 않는 원래의 이야기성을 그대로 간직하고 있는 〈꼭두각시 놀음〉의 극 구조는 말하고 듣는 양자 간의 직접적인 관계가 가지는 현장성이 그대로 배어 나온다. 그 현장성에 따라 이야기는 자꾸 벌어져 가면서 익어나간다. 반복되는 질문들과 답 속에서 말하고 싶은 주제는 알맞게 익혀져 나오고 계속 번져나가는 구조 속에서 그 이야기는 남의 이야기가 아니라 바로 말하고 듣는 사람이 원하는 이야기로 진화되어 간다. 그러므로 〈꼭두각시 놀음〉은 많은 이야기들이 아직 따지 않은 채로 주렁주렁 열려있는 고구마 순같은 형태라고 할 수 있다. 어느쪽으로도 이야기가 영글어 나갈 수 있고 또 어느쪽의 이야기를 따더라도 원래의 구조를 그대로 이용할 수 있는 살아있는 구조가 되는 것이다.

이러한 〈꼭두각시 놀음〉의 양식은 서구의 익숙한 계층구조적인 이야기 전개가 아니라 후기 구조주의에서 들뢰즈가 주목하는 리좀(Rhizome)적인 이야기 구조가 원래부터 살아 있었던 형태라고 볼 수 있다. 전통적인 서구의 이야기 구조는 중심의 질서에 따른 플롯 구조로 정리되어 있는 아리스토텔레스의 극 구조를 따른다고 할 수 있다. 논리가 있는 질서에 따르지 않는 이야기들을 잘라내면서 모든 이야기들이 궁극적으로는 중심으로 모여들 수 있는 응집력을 가져야 한다고 보는 서구적 이야기와는 달리 〈꼭두각시 놀음〉의 이야기는 들뢰즈의 말을 빌리자면 탈영토화를 추구한다. 하나의 이야기가 끊임없이 확산 반복되면서 영토의 경계를 분명히 그어내는 것이 아니라 이야기를 하는 행위자체가 서로 다른 여러 이야기 사이를 끊임없이 굴러다니면서 영토 구분을 지워내는 것이다.

설화는 글로 남겨진 이야기가 아니라 말로 전해져 오는 이야기이다. 앞뒤가 잘린 채로 또는 앞뒤가 열린 채로 두리뭉실하게 전해져 오면서 앙상한 뼈대만을 남겨서 전하는 사람에 따라 이야기는 얼마든지 붙어 나간다. 원래 열려있는 이야기를 열린 채로 말해보고자 하는 것이 《우리나라 우투리》에서 이야기를 보여주는 방식을 찾는 기본 태도이다. 가장 재미있게, 그리고 가장 하고 싶은 이야기를 가장 듣기 쉽게 하는 바로 그 방법에 대한 고민이 바로 〈꼭두각시 놀음〉과 《우리나라 우투리》가 만나는 접점이다.

2. 동양적 음악과 소리: 〈예기〉의 "악기편"을 중심으로

《우리나라 우투리》에서 극 형식과 더불어 되짚어 보고자 하는 전통의 요소는 바로 소리이다. 단지 옛 노래나 리듬을 흉내내는 것이 아니라 극의 모든 음악과 대사를 포함한 소리가 어떻게 동양적인 음악관에 합일하면서 연극적으로 활용할 수 있는지를 고민하고자 했다. 대사는 한국말의 리듬을 가장 잘 살릴 수 있는 방식으로 전달하고자 했으며 극의 노래와 장단이 내용이 가지는 희노애락의 감정과 조화롭게 섞여들어갈 수 있도록 했다. 〈우투리〉에서 근간으로 삼고 있는 음악의 사상적 해석은 〈예기〉의 "악기편"이다.

〈예기〉는 공자의 사상을 중심으로 하여 춘추전국시대의 유가사상들을 모아 전한시대에 편집된 책이다. 전란이 끊이지 않았던 시대였으므로 정치, 경제, 사회는 엉망이었고 민심은 불안할 대로 불안해 있었다. 음악은 이런 사회 상황을 돌아보지 않고 지나치게 미적 표현만을 추구하고 있었고 예는 내용을 잃어버린 채로 형식에만 치우친 채로 남아있었다. 이 시대에 정치 철학을 편 공자의 사상을 중심으로 한 〈예기〉에는 음악이 중요한 부분을 차지하고 있다. 〈예기〉의 "악기 편"은 공자의 "예"에 대한 사상을 기초로 해서 당시 산재해 있던 음악이론을 모아 정리한 것이다.

시대적으로 이러한 작업은 마침 필요한 일이었다. 춘추전국시대의 전쟁으로 인해 황폐화된 민심을 수습하고 사회질서를 회복하면서 관의 위엄을 드러내고 계급적 질서를 유지해야 할 필요성은 아주 시급했다. 중앙의 위엄을 살리면서 백성들을 이해시킬만한 새로운 이데올로기가 급히 필요한 시기였었고 그 정치적 정당성을 가르쳐야 할 쉬운 수단 또한 당장 만들어야 할 판이었다. 당시의 혼란한 사회적 상황에서 음악은 삶을 풍요롭게 하는 예술이라기보다는 통치자의 이데올로기로서 교육의 효과를 가지고 있어야만 했다. 그렇게 출발한 〈예기〉의 "악기편"은 그러나 단지 그러한 통치자의 요구를 넘어서 동양적인 음악철학의 이론적 근거가 되었다. 그리고 이 책을 통해서 우리는 동양의 음악이 어떻게 동양의 사상을 흡수해서 재정립해 나갔는지를 볼 수 있다.

〈예기〉의 "악기 편"에서는 음악을 외계의 자극에 의한 마음의 움직임으로 본다. "악기 편"의 맨 처음은 "무릇 음악의 일어남은 사람 마음의 움직임에 따라 생기는 것이다"라고 시작한다. 마음의 움직임은 외계에서 발생하는 객관적 영향의 결과를 마음이 주관적으로 수용하여 일어나는 감정 변화이다. 〈예기〉에서는 이러한 마음의 변화를 바로 음악 자체로 보는 것이다. 그러면서 음악은 이 '음악자체' 즉 마음의 움직임이 외형적 틀 곧 형식을 갖춘 것으로 받아들인다. "악기 편"에 따르면 음악은 음에 의해서 생기지만 그 근본은 사람의 마음이 사물에 감동하는 데 있는 것이다. 이런 까닭으로 그 슬픈(哀) 마음이 감동할 때에는 그 나타나는 소리가 목쉰 듯하여 낮고 약하며, 그 즐거운(樂) 마음이 감동할 때에는 그 나타나는 소리가 풍부하며 크고 느리며, 그 기쁜 마음(喜)이 감동할 때에는 그 나타나는 소리가 높게 올라가서 빠르고 차분하지 못하며 그 노여운 마음(怒)이 감동할 때에는 그 나타나는 소리가 거칠고 격심하다. 그 공경하는 마음이 감동할 때 나타나는 소리는 곧고 딱딱하며, 그 사랑하는 마음이 감동할 때 나타나는 소리는 평화롭고 부드럽다. 이 소리는 사람의 본성에 있는 것이 아니라 마음이 외부와 접촉했을 때 나오는 반응인 것이다.

"악기 편"에서는 마음이 어떤 느낌을 갖기 이전의 근본적인 상태를 性,中,靜이라고 한다. 性,中,靜의 세 상태는 서로 별개의 것이 아니라 소통하는 것으로써 마음이면서 동시에 만물의 처음 상태이다. 즉 中이 가지는 성격은 本性이라 할 수 있으며 이 가지는 상태는 고요함 즉 靜이다. 이 '靜' 의 상태에 있는 中의 마음이 외부사물과 접촉하면 심리적 반응을 일으키고 그 반응의 결과가 음악으로 표출될 수 있다. 그리고 "예기"에서는 이러한 표출을 우주에 대한 원리로 이어서 설명하고 있다. 사람이 가지는 마음도 만물의 질서에 자연스럽게 따라서 움직이는 것으로 보았다. 그러므로 음악의 배경을 우주만물의 근본질서 및 원리에 두고, 마음이 외계의 접촉에 의해 일어나는 심리적 반응을 음악의 근원으로 보았다. 우주론적 마음이란 선험적인 마음이 먼저 있고 이 마음이 우주를 만든다고 보는 것으로 마음이 우주를 만든다는 것은 무에서 유를 창조하는 것이 아니라 유인 것을 유로 있게 하는, 유인 것을 유로 받아들이는 것을 창조로 본 것이다. 그러므로 "악기 편" 은 악의 근본을 마음에 둠으로써 음악을 삶과 직결된 것으로 인간 중심인 것으로 이해했다. 음악을 통해 사람은 본성을 잘 닦을 수 있고 그렇게 해서 사람은 만물이 원래 존재하는 상태인 中으로 돌아가도록 하는 데 두고 있으며 이 경지에 도달한 상태를 善과 德으로 표현한다. 이것은 서양철학의 근간인 플라톤의 에토스적인 음악론과도 통하는 사상이다.

동양에서 말하는 자연은 우주이다. 그리고 자연을 창조한다는, 자연을 자연으로 받아들인다는 개념은 우주를 인식하고 아우른다는 것이다. 이러한 우주관은 초월적 '우리주의' 로 이어지면서 초우주적 자아관을 형성한다. 여기에서의 '우리' 는 사람과 사람은 물론 사람과 자연 그리고 사람과 우주를 포괄하는 총체적 개념으로 쓰인다. 이러한 '우리주의' 는 '우리=우주=樂' 의 세계관을 창출한다. 그럼으로써 소리는 단순한 외부의 소리가 아니라 나와 연결된, 그래서 우리를 만들어주는 연결고리가 되는 것이다.

〈예기〉의 "악기편"에서 말하는 '樂' 도 단순한 물리적 현상을 지칭하는 것이 아니라 우주적 조화에 근본을 두고 있다. 따라서 '악' 의 개념은 들리지 않는 '조화로서의 철학적 음악' 과 이 음악을 물리적으로 들을 수 있도록 구현한 '가청적 음악' 을 동시에 포함하는 개념으로 보아야 한다. 그리고 철학적 음악의 재현은 바로 이러한 들리는 음악을 통한 접근으로 가능한 것이다. 이러한 "악기"의 음악 개념과 피타고라스의 음악개념은 가청적 음악을 통해 우주적 음악에 도달할 수 있다는 윤리적

도구적 측면에서도 흡사하다. '예'와 '악'을 통해 조화있고 질서있는 마음을 길러 바른 사회를 구현하겠다는 '악기'의 예악정치론은 음악을 통해 영혼을 정화하여 우주적 조화상태로 이끈다는 피타고라스의 음악론과 상통하는 면이 많다. 이러한 악기의 음악은 정신적인 삶이며 이상적인 국가건설을 위한 이상적인 음악에 대한 요구이다. 이것이 바로 앞서 말했던 통치권자들이 필요로 했던 음악의 이데올로기화였다.

하지만 〈예기〉는 단순한 지배 이데올로기를 넘어선다. 〈예기〉에서 음악은 만물에 있는 상승하는 기와 하강하는 기가 음과 양으로 서로 마찰함으로써 생성된다고 믿었다. 여기서 말하는 기란 사람의 육체 자체는 아니지만 육체를 떠나서는 생각할 수 없는 것으로 체내의 세력 혹은 힘이며 영과 결합하는 요소를 가지고 있는 것을 말하며 자연에서 느끼는 영적인 것까지 포함함으로써 음양오행을 기반으로 하는 우주구성의 원리로 확대된다. 또한 예의 기는 분명하고 뚜렷한 구분을 나타내기 때문에 엄한 반면, 악의 기는 부드럽고 온화하여 마음을 따뜻하게 하는 것으로 생각한다. "악기 편"에서는 음양의 두 기가 조화롭지 못할 때에는 만물이 생성될 수 없고 악이 조화롭지 못할 때에는 사람이 감화의 효과를 얻을 수 없다고 말한다. 이것은 악기가 만물의 생성변화를 음기와 양기의 역동적인 상호작용에 의한 것으로 보았음을 뜻한다. 때문에 악기는 음악을 이러한 상호작용의 한 부분이자 작용 그 자체로 보고 음악을 우주와 상통하는 靜으로 규정했다. "악기 편"은 기의 원리를 인체에 국한시키지 않고 인체를 넘어 선 갖가지 배합을 연결하여 우주적 원형의 체계로 발전시키면서 음악론을 전개한다.

앞에서 보았듯이 음악의 근본적 요소는 소리나 형식이 아니라 德과

本이었다. 本은 모든 사물의 근본이며 예와 악이 추구하는 근원적인 의미이다. 德은 원래 사람이 수련을 통하여 깨달음을 얻은 상태를 말하는 것으로 그 본질은 道이다. 道가 무한정적인 것처럼 德도 무한정적이다. "악기 편"에서는 도를 우주만물을 통일시켜주는 궁극적 실재이자 운동의 힘이다. 따라서 도는 우주의 진행 과정이므로 우리가 보는 이 세계는 끊임없는 유전과 변화의 산물이다. 유전과 변화는 자연의 본질적 특성이므로 그 역동적 움직임 속에는 지속적인 유형이 있고 사람은 그것을 감지할 수 있다고 믿었다.

도는 음기와 양기의 통일체이기 때문에 덕이 있는 사람은 선만을 위하여 악을 소멸시키고자 하는 것이 아니라 오히려 선과 악 사이에서 역동적인 균형을 유지해야 하는 사람이다. 그러므로 선악을 가치판단의 개념으로 본 것이 아니라 서로 조화되어야만 하는 요소로 보았다. 이런 태도는 어떤 음악에 대한 절대적인 가치 판단이 아니라 상황에 따라 알맞은 음악을 쓸 수 있다는 폭 넓은 태도를 보여준다. 공자는 음악과 仁을 和의 관점에서 연결시키면서 극기를 필수로 하는 仁이나 禮같은 행위 규정적인 것보다 樂이 훨씬 더 많은 사람을 융합시킬 수 있다고 보았다. 그는 악을 음악의 본질과 인의 본질 사이를 서로 오고 갈 수 있는 장소가 가진 에너지로 보고 그 역동성을 和로 파악했다. 이러한 이론을 바탕으로 "악기편"은 항상 예와 관련하여 음악의 본질, 기능, 가치를 추구하면서 백성을 선도하는 사회적 역할에 중점을 두었다. 이 과정에서 덕의 실천은 이상세계의 목표가 되었고 악은 덕을 이루기 위한 수단으로 인식되었다.

〈예기〉에서 음악은 단순한 소리가 아니라 나와 밖을 연결하고 우주의 조화를 깨달을 수 있는 힘이다. 그리고 인간의 감정은 이러한 음악적 질서와 조화에 따라 표현되고 통제될 수 있다고 보았다. 《우리나라 우투리》가 시도하는 음악적인 접근은 단순한 극적 구성요소로서의 음악이 아니다. 이 극에서는 형식과 내용이 가지는 질서를 표현하기 위해 음악을 차용하였다. 극의 내용에 따라 그 장면이 가지는 희로애락의 감정을 나누고 형식적으로 어떤 악기와 소리가 그 감정을 끌어내고 표현할 수 있는지를 고민했다. 《우리나라 우투리》에서 음악은 극적 구성을 위한 새로운 틀이 되고자 했다. 아직 그 시도가 어떤 평가를 받기에는 너무 이르겠지만 지금 〈우투리〉의 시도를 시금석으로 해서 더 많은 소리에 대한 고민이 있었으면 한다.

3. 《우리나라 우투리》의 공간성 : 안과 밖의 가운데에서

전통적으로 한국의 연극은 야외극이라고 할 수 있다. 민간에서 행해지던 가면극이나 인형극도 바깥에서 행해졌던 놀이이고 궁중의 놀이문화인 산대놀이도 바깥의 무대를 염두에 둔 공연이었다. 예를 들어 산대놀이의 하나인 설나는 야회무대를 설치하는 것 자체가 놀이로 승화했다고까지 볼 수 있는 장르이다. 중국에서 사신이 오거나 나라의 큰 행사가 있을 때면 정부에서는 궁중에서 벌이는 연희 외에 사신이나 왕의 행렬이 지나가는 길가에 무대를 설치하고 공연을 하도록 했다. 행렬이 멈춰 서서 공연을 구경할 수 없었기 때문에 왕의 관람을 위한 공연이 아니라 거리에 모이는 백성들을 대상으로 한 공연이라 할 수 있지만 그보다는 궁중에서와 같은 화려한 무대를 거리에 재현시킨다는 면에 중점을 두고 화려한 무대설치를 통해서 왕의 권위를 드러내고자 했다. 이러한 야외극은 관객과 무대와의 거리감을 없애주면서 관객이 무대 안의 이야기에 쉽게 동참하도록 해 준다. 무대는 별개의 고정된 이야기가 아니라 항상 관객쪽으로 열려있는 놀이이며 무대의 현실 개입이나 관객의 무대에 대한 참견은 극을 이끌어가는 중요한 단초가 된다. 지금도 전통극에서 관객과 무대 사이에 앉아 배우와 말을 주고받는 악사들은 그러한 열린 무대를 가장 잘 보여준다.

거리에 무대를 세우고 볼 거리를 마련한다는 것은 쉽게 볼 수 있는 전통극의 특징이지만 극의 종류에 따라 무대와 형식이 조금씩 달라졌다. 그 중 대표적인 전통극이라 할 수 있는 가면극과 꼭두각시극은 놀이를 하는 주체가 사람과 인형으로 크게 다르기 때문에 같은 야외무대라고 해도 그 형식이 많이 달랐다. 같이 야외에서 벌어지는 놀이라고 해도 장막을 쳐놓고 그 안에서 인형을 놀리는 꼭두각시극은 가면극보다 훨씬 심한 무대적 제약을 받는다. 이러한 무대적 제약을 극복하기 위해 꼭두각시 놀음에서는 악사의 개입이 훨씬 적극적으로 이루어진다. 꼭두각시 놀음의 악사인 '산받이'는 가면극에서처럼 단지 관객의 흥을 돋구거나 극을 여는 기능에 머무르는 것이 아니라 극중현실을 조종하고 인물들의 충돌을 유도하고 문제를 해결해주는 적극적인 역할을 한다. 산받이는 비록 즉흥적으로 보일지라도 훨씬 치밀한 계획아래 극의 전개를 이끌어 나간다. 이러한 산받이는 인형극인 〈꼭두각시 놀음〉이 가지는 무대적인 제약성을 해결해 줄 뿐만 아니라 인형극의 무대가 가지는 소격효과를 증대시키는 역할을 한다.

〈꼭두각시 놀음〉의 인형들은 아주 단순하고 소박한 형태를 가지고 있다. 분라꾸와 같이 정교하게 제작한 인형으로 사실적인 무대를 만드는 식의 발전을 거부한 〈꼭두각시 놀음〉은 기술적인 완성도가 주는 극적 환상을 거부하고 지금 눈 앞에서 움직이는 것이 과장되고 희극화된 인형이라는 사실을 강조한다. 그렇게 함으로써 관객들이 극중 현실에 몰입하는 것을 방해하고 무대에서 벌어지는 사건을 비판적 거리를 가지고 즐길 수 있도록 한다. 산받이는 이러한 무대의 이야기를 희극적인 구도안에 자리잡게 하고 관객들이 그 이야기 안의 갈등을 거리를 가지고 즐길 수 있게 하는 장치로서 존재한다. 즉, 〈꼭두각시놀음〉은 산받이의 존재를 활용함으로써 단순한 인형극의 재미를 넘어서서 무대와 관객이 가질 수 있는 또 다른 관계를 제시해 준다. 무엇인가를 보기 위해 극장이라는 캄캄한 실내로 들어와야 한다는 사고방식은 근대 이후 서양문명이 들어온 후에 교육받은 관람태도이다. 현대의 극장은 실내가 가지는 안전함과 편리함을 가지고 무대에서 벌어지는 환상의 시간에 몰입할 수 있도록 만든 공간이다. 하지만 이러한 극장에서는 무대는 관객과는 떨어진 별개의 존재이고 관객은 무대위에서 벌어지는 어떠한 일에도 참견해서는 안 된다는 약속아래 소극적으로 연극행위에 참여케 된다.

《우리나라 우투리》는 극장이라는 공간에서 어떻게 전통극의 형식을 펼칠 수 있는지를 생각해 보고 있다. 〈우투리〉의 무대는 기본적으로 야외의 열린 무대가 가지는 약속을 그대로 가지고 온다. 이미 무대에 오른 배우들은 등퇴장을 하지 않고 모든 것을 무대 옆에서 준비한다. 이것은 서구식 극장이 가지는 환상을 사용하지 않겠다는 의도와 더불어 무대를 놀이판으로 관객에게 열어두고자 하는 마음을 보여준다. 《우리나라 우투리》의 악사는 극의 이야기에 선별적으로 개입한다. 관객과 무대의 가운데가 아니라 무대 뒤쪽에 앉은 악사들은 전통극처럼 무대

위의 구경꾼 노릇을 하기 보다는 무대 뒤에서 배우들처럼 이야기 안으로 들어간다. 이야기 내에서 음악적 틀을 유지해 주면서 악사는 《우리나라 우투리》가 가지는 의식과 놀이의 틈 사이에서 그 틈을 이어주고 벌려놓는다. 처음 판 여는 거리가 악사들의 장중한 음악으로 의식이 강조된다면 그 의식 뒤에 만들어지는 아이들의 놀이는 악사의 소리로 그 놀이성이 더욱 강조된다. 허생원, 우툴어멈, 박첨지와 같은 민초들의 이야기에는 적극적으로 개입하면서 이야기를 만들어 나가는 대신 이성계의 장면에서 악사는 음악만으로 그 존재를 지킨다. 극장이라는 다른 공간에서는 다른 형식의 극 전통이 생겨나야 한다. 악사의 새롭고도 익숙한 활용은 《우리나라 우투리》가 해 보고자 하는 또 다른 형식의 실험이다.

참고문헌

〈예기〉, 권오근 해역, 홍신신서, 1987.

김광림, '전통연희의 무대적 수용을 위한 시안' 〈민족극과 예술운동〉, 1995 가을호.

민족음악연구소, '〈예기〉 '악기' 의 음악학적 해석', 〈음악과 민족〉, 1991년 2,4,5,7,11호

사진실, 〈공연문화의 전통〉, 태학사, 2002.

김광림 희곡집 • 6

공연예술신서 • 39

1판 1쇄 인쇄　2006년 5월 23일
1판 1쇄 발행　2006년 5월 30일

지은이 | 김광림
펴낸이 | 이정옥
펴낸곳 | 평민사
서울시 서대문구 남가좌2동 370-40
전화 · 02-375-8571(代)
팩스 · 02-375-8573

• http://blog.naver.com/pyung1976
• e-mail · pms1976@korea.com

등　록 | 제10-328호

ISBN　89-7115-458-6　04680
ISBN　89-7115-404-7　(set)

값　7,000원